JN098501

はしがき

本書は，発達心理学と教育心理学といった，教育に関係する心理学を学ぶための教科書あるいは参考書となるようにして作られました。近年，大学の教職課程では，教育や発達，認知心理学を取り扱う科目は細分化されたり多様化されたりするようになっています。その結果，教員免許取得を希望する学生は，教育や発達に関係する心理学の科目履修のために複数の科目を受講しています。このような履修システムを可能な限りミニマムにカバーすることを企図したのが本書です。

また，本書は，発達や教育に関心のある教員を対象とした研修のための教科書あるいは参考書として利用していただくことも可能です。心理学に関心のある教員や児童生徒支援に携わる専門職の方にとっても，児童生徒の集団作りや関わり方を学ぶ際に多くの手掛かりを得られるような構成としています。

心理学を初めて学ぶ方は，本書を第1章から順番に読んでいただくと教育心理学や発達心理学に関する系統的な理解を深めていただけます。とりわけ，学習や発達，記憶や文章理解，学習動機づけや学習習慣といった章では，心理学の基礎的内容が分かりやすくまとめられています。その一方で，心理学を一度は学んだことがある方や教員や児童生徒支援に携わる方は，学校心理学やSEL，応用行動分析学やPBS，コンピテンシー教育やICT機器利用など，専門性に対応したテーマを効果的に学ぶことができます。

本書のタイトルには学校教育心理学という言葉が用いられています。それは，2010年にミネルヴァ書房から出版された『よくわかる学校教育心理学』に基づいています。『よくわかる学校教育心理学』は，教育と発達に関する心理学について120程度のキーワードを2ページ程度の見開きで学ぶことができる構成となっています。本書は，心理学に関する12のテーマをそれぞれ深く掘り下げる構成としていますが，教育や発達に関係する心理学のキーワードを広く扱っている点では両書のテーマは通底していると考えています。

最後に，本書の趣旨に賛同し，多忙な時間の合間をぬって迅速に原稿の執筆を進めていただいた執筆者の皆様に心からの謝意を表します。とりわけ，山口大学教育学部の小野史典先生と宮木秀雄先生には，アイデア構想の段階から丁寧に相談に乗っていただけましたことに感謝いたします。本書の刊行に際しては，企画の段階から編集・校正の段階に至るまで，ミネルヴァ書房の皆様や編集部の浅井久仁人氏に多大のご尽力をいただきました。ここにそのことを記し，心からの謝意を表します。

2024年　早　春

編　者

大学生と教員のための学校教育心理学　**目　次**

第4章　文章の読解力の発達

第5章　学習習慣と学習方略

第6章　学習動機づけ

第7章　応用行動分析学

第8章　学校心理学

第9章　SEL（社会性と情動の学習）

第10章　ポジティブ行動支援（PBS）

第11章　学校心理学（事例），コンピテンシー教育

第12章　教室でのICT利用

第1章
学　　習

学びのポイント

・学習理論を理解できる。
・学習理論に基づいて児童生徒への効果的な関わり方について考えることができる。

キーワード☞学習理論，古典的条件づけ，オペラント条件づけ，観察学習，適性処遇交互作用心理学における学習の定義は，経験による，個人の行動の比較的永続的変容というものです。この定義には，学習とは何かを説明するために必要な情報が過不足なく組み込まれています。経験とは，成長・成熟による行動変容を除外するということを指し，環境と生活体との相互作用のすべてを含むものです。行動とは，あいさつや挙手のような行為だけではなく，生理的指標や記憶，認知，推論などの認知過程，さらには意見や態度，価値観なども含みます。比較的永続的というのは，一時的ではないという限定です。ここでいう一時的とは，気分や疲労，薬物の効果を指しています。学校教育における学習は，記憶や問題解決に関わる課題成績として表現されるものが一般的ですが，心理学における学習とは記憶や問題解決の課題成績だけではない，幅広い行動の変容を対象としています。

心理学では，人間や動物が学習する過程に関する理論が提唱されています。本章では，代表的な学習理論を概観します。学習理論では，学習を刺激（Stimulus，以下「S」）と反応（Response，以下「R」）の関係によって説明することを試みます。刺激とは，生物に入力される情報であり，反応とは，刺激を受けた結果としての変化や活動です。本章では，心理学における代表的な学習理論について紹介します。

1　学習理論

（1）古典的条件づけ

古典的条件づけ（classical conditioning）とは，ロシアの生理学者パブロフ（Pavlov, I. P.）の条件反射として広く知られているものです。いわゆるパブロフの犬の実験による学習の成立過程を図1-1に示します。古典的条件づけとは，ベルやメトロノームの音や光刺激などに対する生理的反応を利用する学習として説明されることが一般的です。

ベルやメトロノームなどの音刺激を犬に聞かせます。これに対して，犬は耳をそばだてるというような反応をします。これを定位反応といいます。次に，メトロノームの音とともに肉片を口の中に入れると唾液が分泌されます。この場合，メトロノームの音がなくても犬の口の中に肉を入れると必ず唾液が分泌されます。これを無条件反応（UCR；UnConditioned Response）といいます。無条件反応を引き起こす刺激のことを無条件刺激（UCS；UnConditioned Stimulus）といいます。メトロノームの音と肉をあわせて提示することを繰り返すことによって，最終的には，肉を口の中に入れられることなしにメトロノームの音によって唾液が分泌されるようになります。もともとは，唾液分泌には引き起こさないメトロノームの音が，肉という唾液分泌を引き起こす刺激と結びつくことによって，唾液分泌を引き起こすようになるという現象を条件づけといいま

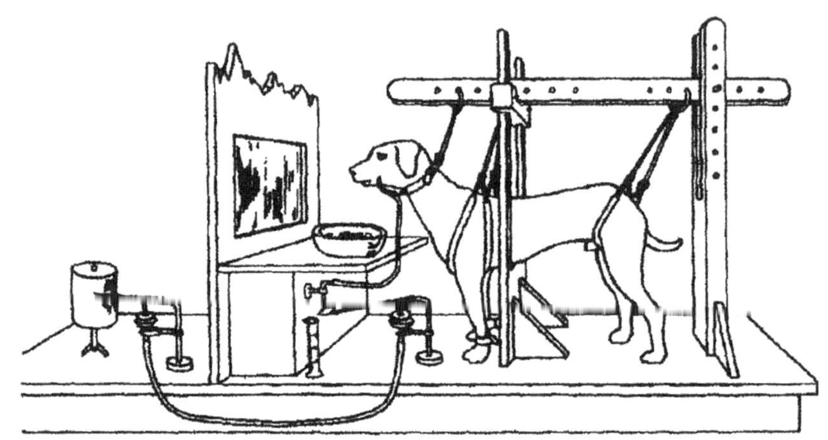

パブロフ（Pavlov, I. P.）の条件反射の実験で，最もよく知られた実験場面は上図のようなものである。イヌは，雑音が聞こえないように防音室のなかに入れられ，動き回れないように吊り包帯で固定させている。また，イヌの唾液腺には手術が施されており，分泌した唾液が導管を通って採取され，分泌量が記録されるようになっている。

図 1-1　古典的条件づけの実験場面

出典：石田（1995）。

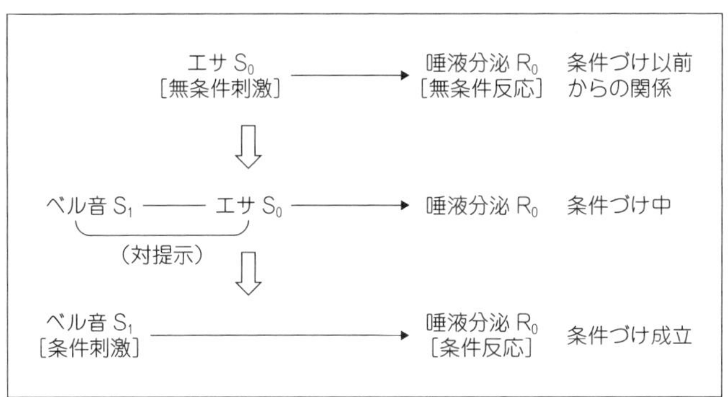

図 1-2　古典的条件づけの基本形

出典：石田（1995）。

す。条件づけられた後のメトロノームの音を条件刺激（CS；Conditioned Stimulus），音によって引き起こされる唾液分泌を条件反応（CR；Conditioned Response）といいます。生物のもつ生理的反応を利用した条件づけのことを古典的条件づけといいます。具体的な条件づけの方法は様々ですが，古典的条件づけは，基本的には，条件刺激の提示が条件反応を引き起こすという順序で構成されます。

パブロフによる動物実験の例が有名ですが，わたしたちも生活の中で古典的条件づけを実感することができます。多くの日本人は，梅干しを見たり想像したりすることで唾液が分泌されます。これは酸味を感じると唾液が分泌されるという無条件反応と梅干を食べた経験が結びついたために条件づけが成立したのです。しかしながら，梅干しを食べることのない文化圏で生活している人が梅干しを見ても唾液は分泌されないでしょう。

（2）オペラント条件づけ

生物が生得的にもっている生理的反応を利用した古典的条件づけに対して，行動における偶発性や自発性を利用した学習過程のことをオペラント条件づけ（operant conditioning）といいます。オペラント条件づけは，スキナー箱と呼ばれる実験装置を用いた動物実験の例によって説明されることが一般的です。スキナー箱という実験装置は，スキナー（Skinner, B. F.）によって開発されました。スキナー箱の例を図1-3に示します。

ネズミをスキナー箱に入れて行動を記録します。箱の中にはネズミにとって様々な手掛かりがあります。ネズミがレバーを押したときにエサが与えられる仕掛けになっています。初めてレバーを押した後に餌が与えられた時にはネズミは偶然だと考えるかもしれません。しかし，レバー押しと餌の提示が繰り返されると，餌を得ることを期待してレバーを押すようになるのではないでしょうか。その結果，徐々にレバーを押す割合が他の行動に比して多くなっていきます。この時，ネズミは自発的にレバーを押しています。このように，餌などの報酬に関連した行動が自発的に選択される比率が他の行動よりも大きくなります。オペラント条件づけでは，自発的な行動のことをオペラント行動，行動を増加させる効果を強化，オペラント行動を誘発する刺激を強化子と呼びます。なお，行動を減少させる効果を弱化，その効果をもった刺激を弱化子と呼びます（坂上，2017）。古典的条件づけでは，条件刺激の提示によって条件反応は引き起こされるという順序ですが，オペラント条件づけでは，オペランド行動（反応）に対応した強化子（刺激）が提示されるという順序となっています。

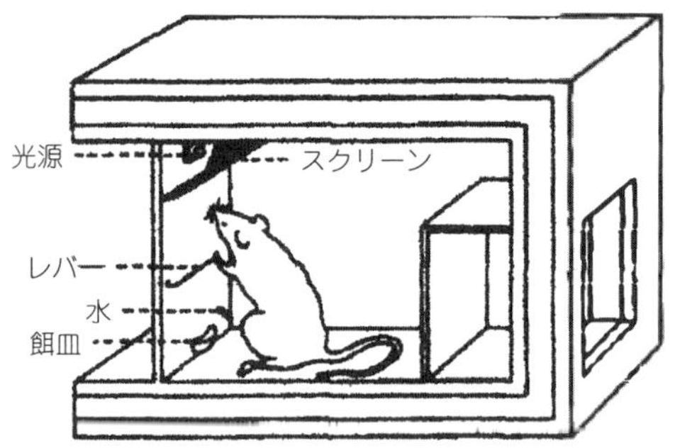

スキナー（Skinner, B. F.）のオペラント条件づけの実験で用いられたスキナー・ボックスの代表的な型は上図のようなものである。箱の内壁に取り付けられたレバーを押せば，餌皿にエサが出てくる仕掛けになっている。なお，反応の記録には，被験体（ネズミなど）がレバーを押すごとに，反応の累積度数が自動的に記録されるように工夫された累積反応記録器が用いられた。

図 1-3　オペラント条件づけの実験場面

出典：石田（1995）。

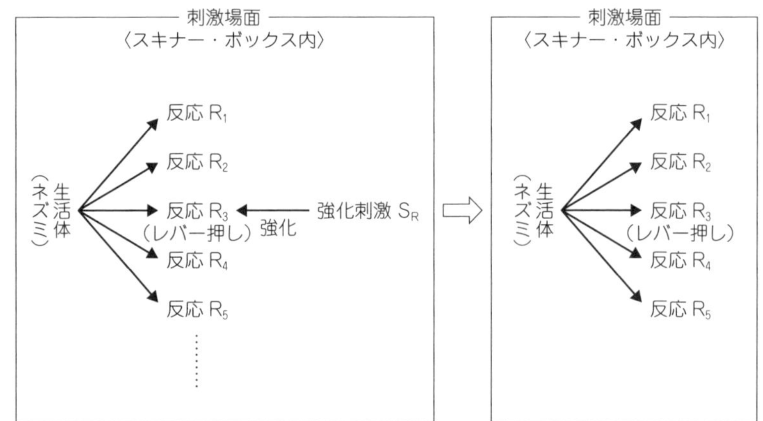

図 1-4　オペラント条件づけの基本型

出典：石田（1995）。

（3）観察学習

観察学習は，古典的条件づけやオペラント条件づけとは異なる視点で学習過程を説明します。観察学習は，モデリングという言葉で説明されることもあります。また，モデリングを提唱したバンデューラ（Bandura, A.）が体系化した社会的学習理論という言葉で説明されることもあります（Bandura, 1971a,

1977；中澤ほか，1988)。観察学習とは，モデルを観察して学習することです。観察学習の効果とは，モデルの行う新しい反応パターンを観察によって習得する効果といえます。新しい反応パターンを学習することで，学習者の反応そのものが起こりやすくなることを反応促進効果と呼びます。一方，嫌悪をもたらす反応結果の観察によって，学習者に類似反応の抑制や低下が起こる効果のことは制止効果と呼ばれます（中澤ほか，1988)。

観察学習は，図1-5に示すように，注意過程，保持過程，運動-再生過程，動機づけ過程によって説明されます（Bandura, 1971b, 1977)。観察学習の概要は，記憶のモデルに対応させて考えると理解がしやすいのではないでしょうか。まず，モデルの行動を見たり聞いたりして記憶する注意過程があります。次に，注意した情報を記憶内に貯蔵する保持過程があります。次に，実際に行為として再生する運動-再生過程があります。最後に，行為に対するフィードバックとして動機づけ過程があります。このように，観察学習の下位過程は，人間の記憶モデルに対応させると理解がしやすくなるでしょう。

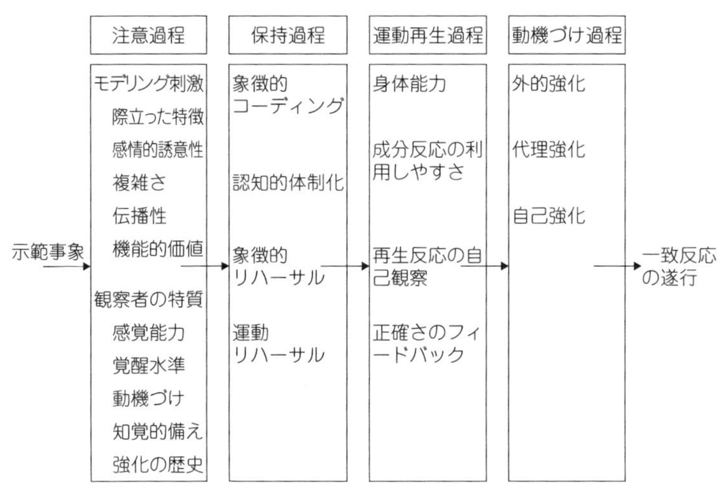

図1-5　観察学習の内的過程

出典：Bandura（1971b)。

2　学習理論の理解を深めるための用語

心理学における学習理論は，人間の行動や行動変容を理解するための基本的な考え方です。学習理論をより深く理解するための用語を紹介します。

(1) プログラム学習の原理

個人差の無視を補う指導法の一つに，プログラム学習があります。プログラム学習には，次の５つの原理があるとされます（豊田，2008)。

1．スモール・ステップの原理　学習目標に達するまでの過程を細かく刻んでいくこと。
2．積極的反応の原理　学習者が自発的に回答を出していくということ。すなわち，学習者の行動があって初めて学習が成立するという考え。
3．即時確認の原理　学習者の答えの直後にその正誤を知らせること。正誤を知らせる時が遅れると，学習効率が低下する。
4．ヒント後退の原理　学習のはじめには，正答しやすいように多くのヒントを与えるが，学習が進むにつれてヒントを徐々に減少させていくこと。
5．自己ペースの原理　学習者が自分に合った速さで問題への答えを出し，学習を進めること。すなわち，問題を理解し考えるのが，速い者も遅い者も自分のペースで学習できる。個人差に応じる方法として最も大切な原理である。

このようなプログラム学習の原理に基づいて個別の学習指導計画を立てることで個人差に応じた指導を行うことが可能となるでしょう。また，このプログラム学習の原理は，応用行動分析の原理の一つでもあります。

(2) 適性処遇交互作用

児童生徒の特性を理解したうえで，学習内容や教具，カリキュラムを設定するということを適性処遇交互作用（Aptitude Treatment Interaction）と呼びます。適性処遇交互作用は，学習者の資質・能力，価値観，学習態度の個人差に対応して教育をすることが学習効果を高めるという考え方です。体験や実験によって学習が促進される児童生徒に対しては，発見学習型の授業が有効であるかもしれません。一方，自分で学習内容の意味的関連づけをするのが得意な児童生徒にとっては有意味受容学習のような授業が効果的であると考えられます。このような，児童生徒の特性を考慮した教授学習過程を適性処遇交互作用と呼びます。

適性処遇交互作用を図式化したものが図1-6です。図の縦軸が学習成果Yで図の横軸は学習内容に対する適性を示しています。教授法Bの方が教授法Aよりも傾きが大きいです。このことから，教授法Aと教授法Bを比較すると，教授法Bの方が学習成果Yに対して適性の影響が強いと考えられます。全平均の地点では，教授法Bよりも教授法Aの方がYの値は高いことがわかります。これらから，教授法Aの方が教授法Bよりも優れた教授法であるということができるでしょうか。X地点を境として，それよりも適性がある場合は，教授法Bの方が，学習成果Yが高くなっています。つまり，Xを境にして教授法Aと教

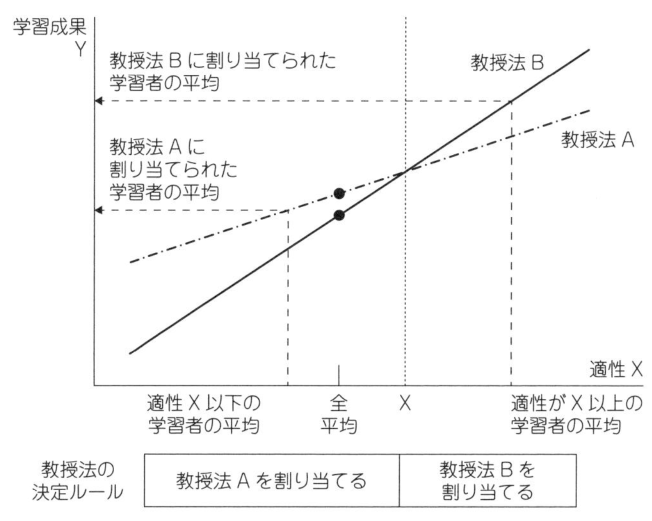

図1-6　適性処遇交互作用の模式図

出典：Cronbach & Snow（1977），森（2010）。

授法Bを割り当てることが理想的であることがわかります。

適性処遇交互作用は学習者の特性に応じた処遇をすることが，集団の学習効果を最大化するという考え方です。これは，多様な子どもたちを誰一人取り残すことなく育成する「個別最適な学び」と，子どもたちの多様な個性を最大限に生かす「協働的な学び」の一体的な充実（文部科学省，2021）という考え方に対応しているといえるのではないでしょうか。適性処遇交互作用はクロンバック（Crombach, L.）によって数十年前に考えられた理論ですが，現在の教育を考えるうえでも我々に十分に有益な知見をもたらします。

（3）熟達化

熟達とは，ある領域での長期にわたる経験によって多くの地域や優れた技能を獲得し，その領域での課題について非常に優れた問題解決ができるようになること（大浦，2007）とされています。熟達は記憶力や判断力が全般的に高くなるというよりも，トレーニングされる課題領域に応じて高くなることが明らかにされています。将棋の熟達者（プロの棋士）と初心者を対象とした同様の研究では，初心者は盤面のコマの配置を記憶するのに180秒から300秒程度の時間を要した一方で，熟達者は数秒ですべてほぼ正確に記憶しました。ところが単にでたらめに配置すると，熟達者の再生率は初心者と変わらない程度となりました（野島，2006；伊藤・松原・グリンベルゲン，2002）。

3　学習理論と学校での学習指導や生徒指導

本章では，代表的な学習理論を紹介してきました。古典的条件づけやオペラント条件づけは，多くの教科書で動物実験の例が取り上げられて説明されます。そのため，学習理論と学校での学習指導や生徒指導に関連性を見出すことが難しいかもしれません。実際には，学校での学習指導や生徒指導を学習理論の枠組みで考えると理解がしやすくなる場面も多いです。

小学生の朝の登校場面を想定します。早起きが苦手な児童が，たまたま早起きをして登校したとします。登校時に，朝早く登校したことを先生や友だちからほめられ，そのことがうれしくて児童は自発的に朝早く登校するようになったとしましょう。この場合，早く登校するというオペラント行動に対応した強化子は何でしょうか。教師によるほめるという行為が児童の登校を早めることへの強化子になります。スキナー箱の例では強化子は餌という具体的な物でしたが，強化子は必ずしもものである必要はありません。

また，教室では一人の教師が30名程度の児童生徒に学習指導や生徒指導をします。常に一対一の指導ができるわけではありません。教師の指導を他の児童生徒が観察することで全体に指導ができるなら指導の効率が高まります。観察学習の考え方は集団に対する指導効率を高めるうえで重要です。モデルとなるような行動に対して全員の前でほめることによって，クラス全員がモデルを反映した行動をとるように期待できます。ただし，社会的学習の効果として，傍観者効果が生じる可能性についても考慮しておく必要があります。傍観者効果とは，傍観者の数が多いほど人々が援助する確率は低くなり，援助の開始も遅くなるというという現象です（Darley & Latané, 1968；大西，2013）。傍観者効果が生じる理由としては，責任の分散，評価懸念，多元的無知の３つがあると考えられています。大西（2013）は，教室で援助を求めている同級生を放置するという場面を想定して傍観者効果の原因を説明しています。責任の分散とは，自分が声をかけなくても，いつか誰かが声をかけるだろう，というように，傍観者の数が多くなるにつれて自分の行為に対する責任感が相対的に小さくなることによって積極的な援助行動が抑制されることです。評価懸念とは，援助することで周囲から偽善者だと思われたら嫌だな，というように他者の否定的な評価を恐れて援助行動が抑制されることです。多元的無知とは，周囲の誰も援助しないということは助ける必要はないのだな，というように，自分以外の他者が事態の解決に消極的である場合，事態の緊急性を低く見積もる傾向のことをいいます。

まとめ

学習理論は，人間の行動や行動変容を説明する基本的な考え方の一つです。学習理論を理解することで，教育における関わり方や教育の効果を多面的に考えられるようになります。また，記憶，応用行動分析学，学習習慣，SEL などの内容の理解も助けることにもつながります。

引用文献

Bandura, A. (1971a). *Social learning theory*. New York: General Learning Press. (原野 広太郎・福島 脩美（訳）(1974). 人間行動の形成と自己制御――新しい社会的学習理論―― 金子書房）

Bandura, A. (ed.) (1971b). *Psychological modeling: conflicting theories*. Chicago: Aldine･Atherton. (原野 広太郎・福島 脩美（訳）(1975). モデリングの心理学――観察学習の理論と方法―― 金子書房）

Bandura, A. (1977). *Social learning theory*. New York: Prentice-Hall. (原野 広太郎（監訳）社会的学習理論――人間理解と教育の基礎―― 金子書房）

Cronbach, L. J., & Snow, R. E. (1977). *Aptitudes and instructional methods: A handbook for research on interactions*. New York: Irvington Publishers.

Darley, J. M. & Latané, B. (1968). Bystander intervention in emergencies: diffusion of responsibility. *Journal of Personality and Social Psychology*, **8**, 377-383.

石田 潤 (1995). 学習 石田 潤・岡 直樹・桐木 健始・富永 大介・道田 泰司（共著）ダイアグラム心理学 (pp. 79-95) 北大路書房

伊藤 毅志・松原 仁・ライエル グリンベルゲン (2002). 将棋の認知心理学的研究 (1) ――記憶実験からの考察―― 情報処理学会論文誌，**49**(10)，2998-3011.

文部科学省 (2021). 学習指導要領の趣旨の実現に向けた個別最適な学びと協働的な学びの一体的な充実に関する参考資料
https://www.mext.go.jp/content/210330-mxt_kyoiku01-000013731_09.pdf：最終閲覧日：2023年８月12日

森 敏昭 (2010). 個人差に応じた学習指導 森 敏昭・青木 多寿子・淵上 克義（編）よくわかる学校教育心理学 (pp. 28-29) ミネルヴァ書房

中澤 潤・大野木 裕明・伊藤 秀子・坂野 雄二・鎌原 雅彦 (1988). 社会的学習理論から社会的認知理論へ―― Bandura 理論の新展開をめぐる最近の動向――

心理学評論，**31**(2)，229-251.
野島 久雄 (2006). 熟達化　大島 純・野島 久雄・波多野 誼世夫 (編) 新訂　教授・学習過程論――学習科学の展開―― (pp. 62-76)　日本放送出版協会
大西 彩子 (2013). 傍観者効果　吉田 俊和・三島 浩路・元吉 忠寛 (編) 学校で役立つ社会心理学 (pp. 111-118)　ナカニシヤ出版
大浦 容子 (2007). 初心者と熟達者のちがい　稲垣 佳世子・鈴木 宏昭・大浦 容子 (編) 新訂　認知過程研究――知識の獲得とその利用―― (pp. 48-58)　日本放送大学出版協会
坂上 貴之 (2017). 行動からパフォーマンスを考える――行動分析学――　鹿毛雅治 (編) パフォーマンスがわかる12の理論――「クリエイティヴに生きるための心理学」入門！―― (pp. 173-300)　金剛出版
豊田 弘司 (2008). 教育心理学入門　小林出版

(沖林洋平)

第2章
発　　達

学びのポイント

・子どもの体力の実態について理解できる。
・子どもにおける運動の効果について理解できる。
・心理的発達について理解できる。

キーワード☞幼児，児童，体力，運動，実行機能，社会性，心理的発達

5間（仲間，空間，時間，手間，お茶の間）不足と言われるように，現在子どもが外で思いっきり体を動かして遊ぶ環境は十分に整っていないことが指摘されています。皆さんは，小さい頃にどのような運動遊びをしていましたか？　覚えている運動遊びをできるだけたくさん書いてみましょう。

写真 2-1　小学校教員として勤めていた時の指導場面

出典：筆者撮影。

読者の皆さんは，子どもの体力が昔と比べて低下しているということを一度は耳にしたことがあると思います。実際に，子どもの体力は，長期的トレンドでは明らかに低下傾向にあります。また，2020年１月以降 COVID-19 の世界的パンデミックが発生し，コロナ禍における運動機会の制限により，子どもの体力低下が深刻化していることについて報告が見られるようになってきました。子どもの体力を向上させるために，世界中の研究者や現場の教員は様々な取り組みを行ってきました。子どもの体力を向上させるためにどのような運動を行うことが適切であるのかということについて考えるうえで，運動発達の特徴について知ることは重要です。また，運動は体力の向上だけでなく，認知機能や社会性の向上についても有効であることが知られてきました。この章では，幼児期から児童期までの子どもにおける体力の実態について紹介するだけでなく，運動がもたらす様々な効果について紹介していきます。

1　子どもの体力

体力という言葉は非常に多義的な概念を含んでいる言葉です。この体力という言葉の定義について，猪飼（1969）は，図 2-1 のように紹介しています。体力の概念図（猪飼，1969）を見ると，体力は身体的要素と精神的要素に分かれ，さらにそれぞれの要素がいくつかの要素に分化していることがわかります。精神的要素と聞いてなかなかイメージすることが難しいかもしれません。ここでは，紙幅が限られていますので，詳しい説明は省きますが，精神的要素に含まれる行動体力の中に意欲というものがあります。例えば，20 m シャトルランなどで測定される持久性を発揮するためには，意欲がなければ，我慢して走り続けることは難しいです。体力と言われると身体的要素をイメージされやすいかと思いますが，体力はこのように精神的要素を切り離すことができないと考えられます。

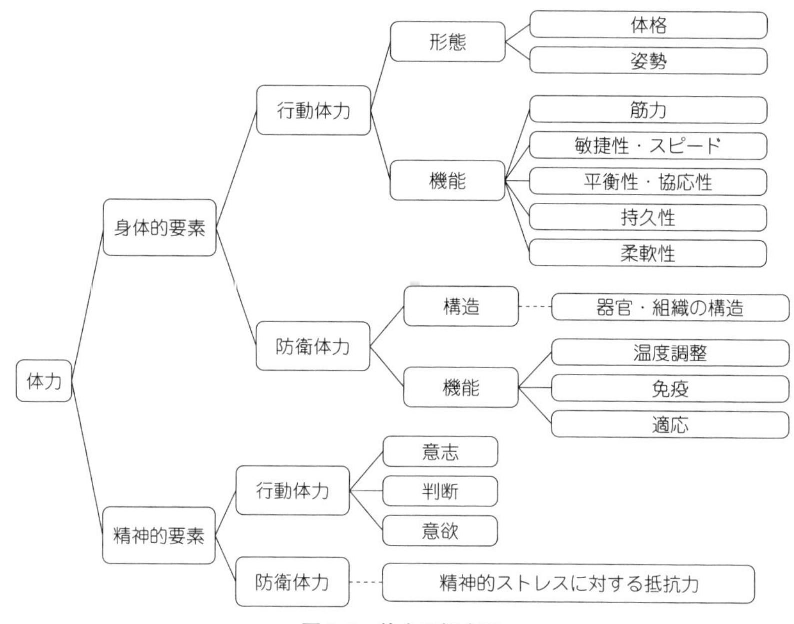

図 2-1　体力の概念図

出典：猪飼（1969）を改変。

この章における体力の要素については，身体的要素の行動体力に含まれる筋力，持久性等の“機能”について取り扱っていきます。日本の小学校において，現在，実施されている新体力テスト（6歳～11歳対象）は，握力，上体起こし，長座体前屈，反復横跳び，20 m シャトルラン，50 m 走，立ち幅跳び，ソフトボール投げの下位項目で構成されています（文部科学省，1998）。体力の概念図（猪飼，1969）に記載されている体力の要素を参照すると，握力，上体起こし，立ち幅跳びは筋力を，長座体前屈は柔軟性を，反復横跳びは敏捷性を，20 m シャトルランは持久性を，50 m 走はスピードを，ソフトボール投げは協応性をそれぞれ主に測定していると考えられます。

小学生の頃に，実際に新体力テストを行ったことを覚えている読者の方も多いのではないかと思います。筆者自身も，新体力テストで高評価を得られるように，各種目に一生懸命に取り組んだことを覚えています。公立小学校の教員として赴任し，体育主任となった時には，多くの児童ができるだけ新体力テストで高評価を得られるように，体育主任として，運動検定や長縄大会などを企画して様々な運動機会を設けようと必死になっていたことを記憶しています。しかし，なかなか新体力テストの成績を高めることは難しく，体育主任の集まりで様々な運動実践について共有はされていたのですが，どこの学校でも体力向上が期待できる効果的な運動実践がわからずに頭を抱えていました。

COVID-19の流行が始まる前の2019年度の体力・運動能力調査に関する報告（文部科学省，2020）によると，小学生の体力について，体力・運動能力の調査開始以降，1985年頃までは向上傾向を示していました。しかし，この頃をピークとして徐々に小学生の体力は低下し，一時的に下げ止まりのような状況が見られた時期はあったものの，近年においては再び低下傾向を示しています。

子どもの体力低下の問題は，小学校就学前の幼児期の頃からすでに見られると言われています。小学生や中学生の体力を測定する新体力テストを使用しての全国調査のように，幼児を対象として，毎年継続的に実施されている体力に関する調査はありません。しかし，これまで，幼児の体力を把握するための全国規模の調査研究は，MKS 幼児運動能力検査という幼児の体力を測定する検査を使用して単発的に行われています（松田，1961）。この MKS 幼児運動能力検査とは，4，5，6歳の子どもを対象として，25 m 走，立ち幅跳び，ボール投げ，体支持持続時間，両足連続跳び越し，捕球の6種目の下位検査で構成された体力・運動能力を調査する検査です。体力の概念図（猪飼，1969）に記載されている体力の要素を参照すると，25 m 走はスピードを，立ち幅跳びと体支持持続時間は筋力を，ボール投げと捕球は協応性を，両足連続跳び越しは敏捷性をそれぞれ主に測定していると考えられます。この MKS 幼児運動能力検査による幼児の体力についての年次推移を概観した研究（森ら，2010）によると，1986年から約10年間で男の子，女の子ともに体力の低下を示しており，1997年以後は低い水準のままで推移していることがわかりました。また，3歳の幼児が5歳になるまでの3年間の MKS 幼児運動能力検査による体力の調査についての追跡データに基づいて，幼児期における体力差の縦断的推移について調査した研究（春日，2009）があります。この研究では，3歳時点で実施した MKS 幼児運動能力検査の結果をもとに，子どもたちが男女別に体力レベルの高いグループと低いグループに分けられました。その後，４歳時点，５歳時点においてMKS幼児運動検査を実施して，グループ間の体力レベルを比較しました。その結果，MKS幼児運動能力検査のどの下位項目を見ても，３歳時点の体力レベルは，４歳時点，５歳時点どの年代においてもその差が縮まることは男女ともにありませんでした。小学生については，体力の二極化の問題は指摘されていました（文部科学省，2012）が，体力の二極化の問題は，すでに幼児期から始まっていることがわかりました。

2　コロナ禍における子どもの体力

「小中学生の体力過去最低　全国体力テスト」
「コロナで運動機会減，持久力低迷　スポーツ庁調査」
（中日新聞朝刊，2022年12月24日）

これは，筆者が公立小学校の教員として働いていた地元愛知県の中日新聞朝刊の見出しです。世界保健機関（Word Health Organization；WHO）は，2020年の１月にCOVID-19がパンデミックの状態であることを宣言しました（WHO, 2020）。それに伴い，世界中の多くの学校で，COVID-19の感染拡大を防ぐために休校措置が実施されました。日本においても，2020年４月16日から５月14日までの間，緊急事態宣言が発令され，幼稚園から大学まで多くの学校において，長期間の休校措置が実施されました。日本を含む多くの国において，COVID-19のパンデミックに伴う休校措置期間中，子どもの身体活動量が大幅に低下していたことが報告されています（Xiang et al., 2020; Moore et al., 2020; Dunton et al., 2020; Medrano et al., 2021; Kim et al., 2021）。幼少期の子どもにとって，日々の身体活動量が低下することは，肥満児の増加や体力低下に繋がると不安視されてきました。子どもの日々の身体活動量は体力と有意な関連性が見られることがいくつか報告されていますので，子どもの体力を高めるために身体活動量を増やすことが推奨されてきました。WHOからも，５歳から17歳の子どもに対して，１週間を通して１日平均60分以上の中強度から高強度の身体活動（主に有酸素性身体活動）を行うべきであるとの報告書「WHO guidelines on physical activity and sedentary behaviour: at a glance」（WHO, 2020）が出されています。中日新聞朝刊の見出しからわかるように，コロナ禍における子どもの体力低下への不安はまさに現実のものとなり，コロナ禍を経験した子どもの体力が低下していることを示す調査結果は，日本に限らず世界中の多くの国で報告されています（Basterfield et al., 2020; Ito et al., 2021; Pombo et al., 2021; Abe et al., 2022）。

コロナ禍で実施された2022年度の新体力テストに関する報告（スポーツ庁，2022）によると，コロナ禍が始まる直前の2019年度以降から2022年度にかけて，小学５年生および中学２年生の男女における新体力テストの合計点が連続で低下しており，特に持久性の低下が顕著であったことが記されています。筆者もCOVID-19 流行前後の同時期に同じ小学校で実施された小学生の新体力テストの測定結果を比較検討することを通して，コロナ禍を経験した児童と経験していない児童の体力の違いについて調査を行いました（青山，2023）。その結果，やはり，20 m シャトルランで測定される持久性の低下が顕著であることがわかりました。持久性は，酸素を摂取しながら運動をどれだけ長く持続できるかということに関係する体力の要素です。また，最大心拍数の85％～90％といった強度の高い運動を継続することで向上するという点で他の体力の要素とは異なる特徴を持つと言われています（Armstrong et al., 2011）。休校措置期間中において，子どもたちの身体活動量が低下しました。また，休校措置解除後，コロナ禍は続き，日本のほとんどの子どもたちは長期間マスクを着用していました。このような状況下において，子どもたちが持久性を高める強度の高い運動を継続するといった機会を得られることはほとんどなかったのではないかと考えられます。2022年度の新体力テストの結果を受けて，スポーツ庁（2022）は，小・中学生の体力低下の主な原因として，身体活動量の低下，肥満である児童生徒の増加，朝食欠食・睡眠不足・スクリーンタイム（平日１日当たりのテレビ，スマートフォン，ゲーム機等による映像の視聴時間）の増加などの生活習慣の変化のほか，新型コロナウイルス感染症の影響により，マスク着用中の激しい運動の自粛なども考えられると報告しています。

幼児を対象とした毎年実施されている全国規模の体力調査は行われていませんので，コロナ禍における日本の幼児の体力をコロナ禍以前の体力の水準と比較することは難しいです。全国規模での調査はできませんでしたが，私は，普段から関わっている幼稚園の協力の下，COVID-19 流行前後の同時期に，同じ幼稚園で実施された幼児の MKS 運動能力検査の測定結果を比較検討することを通して，コロナ禍を経験した幼児と経験していない幼児の体力の違いについて調査を行いました（青山，2022）。その結果，コロナ禍を経験した幼児の筋持久力という体力の要素を測定する体支持持続時間という課題の成績が，コロナ禍を経験していない幼児よりも有意に低値を示しました。筋持久力とは，筋が収縮することによって発揮できる一定の力をどれだけ長く持続できるかに関係する体力の要素です。幼児にとってこの筋持久力を高められる運動の機会としては，幼稚園の園庭や公園で，鉄棒やうんていなどに取り組むことがあげられます。コロナ禍においては，COVID-19 への罹患を防ぐために，鉄棒やうんていを含めて他者と道具を共有することを避ける傾向にあったことから，筋持久力を高められる機会は，大幅に減少したと考えられます。また，この調査を行った幼稚園の園長先生にインタビューをした際には，コロナ禍がはじまってからの体支持持続時間の課題に取り組む子どもの姿を見ていると，余裕があっても途中で課題をやめてしまう子どもが以前よりも多く，限界までがんばって課題に取り組もうという意欲をもった子どもが少なくなった気がすると話していました。幼児の低下が顕著であった筋持久力を測定する体支持持続時間やコロナ禍における小・中学生での低下が顕著であった持久性を測定する20 m シャトルランの課題は，他の測定項目と比べると，両課題とも我慢して継続的に運動を持続することが求められる運動課題でした。したがって，コロナ禍では，我慢して継続しようとする体力の精神的要素に含まれる“意欲”が低下していたのかもしれません。子どもの体力低下の問題は長期にわたって議論されてきましたが，コロナ禍に入り，その状況は深刻化しています。このような状況を踏まえると，子どもの体力を高めるための効果的な運動実践が期待されます。

3　運動は子どもの体力を高める

子どもの体力を高めるために，日常の身体活動量をいかに確保するのかということが推奨されてきました。「WHO guidelines on physical activity and sedentary behaviour: at a glance」（WHO, 2020）における目標の中では，５歳から17歳の子どもを対象として，中高強度の身体活動（主に有酸素性身体活動）を１日60分以上，高強度の有酸素性身体活動や筋肉・骨を強化する身体活動を週に３日以上取り組むことが推奨されています。しかし，むやみに身体活動量を増やそうとして，機械的にエネルギーを消費するための運動を行わせることは，幼い子どもにとっては興味をもつことが難しく，継続的に取り組むことは難しいと考えられます。また，興味をもてない運動を強制されることによって，運動嫌いの子どもを増やしてしまうという危険性もあります。大人であれば，自身の健康の保持増進を目的として，運動に機械的に取り組むことは考えられますが，子どもに健康のために運動に取り組ませようとするアプローチは現実的に有効な手段にはなりにくいと考えられます。

幼児期の子どもの体力の発達が，普段生活する幼稚園や保育園における運動への取り組み方によって左右されていることを示唆する研究が行われています。杉原ら（2010）は，運動指導をしていない園，運動指導頻度が低い園，運動指導頻度が高い園，の３つのグループそれぞれにおいて，MKS 幼児運動能力検査６種目の合計点を比較しました。その結果，運動指導をしていない園，運動指導頻度が低い園，運動指導頻度が高い園の順番でそれぞれ有意に合計点が高値を示したことがわかりました。この結果について，特定の運動種目に限定された運動指導に偏り，同じような運動ばかりが繰り返されてしまうことによって，体力の発達にほとんど貢献していなかった可能性や，運動が一斉指導の形で指導されているため，子どもは説明を聞いたり順番を待ったりしている時間が長く，実際に体を動かしている時間が短くなっていた可能性が指摘されています。

幼児期の子どもの体力の発達については，様々な動きを獲得するような運動の内容に取り組むことが望ましいとも言われています。杉原ら（2011）は，幼児の体力についてMKS幼児運動能力検査を使用して全国規模の調査を実施した際，４歳から６歳の幼児を対象として，投げる，蹴る，登る等の全37の運動パターン観察項目の評定点を合計し，その合計点で４，５，６歳児それぞれについて高得点群・中得点群・低得点群の３群に分けて体力を比較しています。その結果によると，どの年齢においても高得点群・中得点群・低得点群の順で有意にMKS幼児運動能力検査６種目の合計点が高値を示したことから，多くの運動パターンを経験している幼児ほど体力が高いことが示唆されています。また，吉田ら（2015）は，幼児自身によって運動遊びが決定される傾向が高い園に属するグループ，指導者によって幼児の運動遊びが決定される傾向が高い園に属するグループ，両グループの中間的な傾向を示すグループそれぞれの運動パターンを比較しました。その結果，幼児自身が運動遊びを決定する傾向の高い園に属するグループにおいて，出現する運動パターンが多く，その出現頻度も高かったことが報告されています。

日本の幼児教育では，子どもの自由な活動である“遊び”による運動が重視されてきた歴史があります。運動指導が幼児にとって遊びと認識されておらず，指導者が運動のやり方を強制してしまうことは避けた方がよさそうです。また，体力の発達の特徴として，幼児期にはそれぞれの体力要素は独立していない未分化の状態であり，児童期を経て次第に体力の要素がお互いに独立性を増して関係がなくなる分化の状態になっていき，青年期になるとはっきりと体力要素は分化してくると言われています（杉原ら，2014）。したがって，特別なトレーニングをしなくても，活発に運動遊びをしていれば，幼児の体力は総合的に高まると考えられます。子どもが能動的に取り組める遊びとして運動を継続的に行いながら，多くの運動パターンを経験してこそ，幼児期の子どもの体力の発達が促進されます。このような幼児期の発達の特徴を踏まて，文部科学省は，幼児期運動指針（文部科学省，2012）を策定しています。この幼児期運動指針は，３歳から６歳までの就学前の幼児期の子どもの運動の在り方に関する指針を示しており，幼児は様々な遊びを中心に一日合計60分以上楽しく体を動かすことが重要であるとしています。幼児期運動指針は，幼児教育の現場で広く活

表 2-1　小学校の体育科の内容構成

学年	1・2	3・4	5・6
領域	体つくりの運動遊び	体つくり運動	
	器械・器具を使っての運動遊び	器械運動	
	走・跳の運動遊び	走・跳の運動	陸上運動
	水遊び	水泳運動	
	ゲーム		ボール運動
	表現リズム遊び	表現運動	
		保健	

出典：文部科学省（2017）を改変。

用されており，文部科学省のホームページで閲覧が可能です。また，小学校学習指導要領解説体育編（文部科学省，2017）における体育科の内容構成（表 2-1 参照）には，小学 1，2 年生で取り扱うほとんどの領域において「～遊び」と記載されていることからわかるように，小学校低学年においても“遊び”を通した運動を行うことが推奨されていることがわかります。

4　運動は子どもの認知機能を高める

近年，欧米諸国を中心として，運動が体力の向上だけでなく，実行機能といわれる認知機能の向上にも効果的であることを示す研究が注目を浴びています。実行機能とは，高次の認知的制御および行動制御に関わり，目標の達成を実現する能力です（Miyake et al., 2000）。就学前後の時期の発達が顕著である実行機能は，社会性・情動のコントロールといった行動面や，算数・国語といった学習面などの小学校への就学準備において重要な役割を担っていることが明らかになっています（Blair, 2002; Blair & Razza, 2007）。

小学校就学前の子どもを中心とした就学準備教育として実行機能の向上を意図した様々な方法による介入研究が世界中で行われてきました。子どもの運動と実行機能との関連性について検討する研究は，2000年代半ばから開始されました。例えば，平均年齢9.6歳の子どもを対象として，持久性を測定する20 m

シャトルランのラップ数により持久性の高いグループと低いグループに分けてそれぞれの実行機能を比較した研究では，持久性の高いグループの実行機能が低いグループよりも有意に高値を示したことが明らかになっています（Hillman et al., 2005）。11歳時点の身体活動量が多い子どもほど，13歳時点の実行機能が優れていたことを明らかにした縦断研究も行われています（Booth et al., 2013）。また，７歳〜９歳の子どもを対象として，９カ月間の放課後運動プログラムを実施した子どもが，実施しなかった子どもと比較して実行機能が大きく向上したことが示されています（Hillman et al., 2014）。現在では，長期的な運動により，体力が向上し，実行機能が改善されるという因果関係が支持されていますが，どのような運動に取り組むことがより実行機能の向上により効果を示すのかということについてはよくわかっていません。しかしながら，単純な運動を実施するよりも，認知的要求の高い複雑な運動を実施する方が，より実行機能の向上には効果的であることが示唆されています（Diamond, 2015）。例えば，スポーツ環境が常に変化し，予測不可能であるスポーツとして定義されるサッカーやテニスなどのオープンスキルスポーツへの取り組みが，実行機能を向上させることを示唆する研究が行われています。Sakamoto et al（2018）は，サッカーエリートユースプログラムの入学を申請した８歳から11歳の参加者を対象に，プログラムに承認されたグループと承認されなかったグループの実行機能を比較した結果，承認されたグループが，承認されなかったグループよりも有意に実行機能の成績が高値を示したことを報告しています。常に変化する周囲の環境を把握しながら，自身の動きを適応させていく必要のあるオープンスキルスポーツに継続的に取り組むことが実行機能の向上につながるのかもしれません。

これらの知見から，実行機能が要求される運動を継続的に行うことが，実行機能の発達に効果的であることが示唆されています。子どもを対象とした実行機能の要求度が高いと考えられる運動による実行機能向上を意図した介入研究が今後ますます増えていき，どのような運動が実行機能の向上に効果的であるのかを明らかにしていくことが求められています。

5　運動は子どもの社会性を高める

運動は社会性の向上においても重要な役割を担っていることが明らかになっています。例えば，幼児を対象として，クラスの担任の先生に，子ども一人ひとりに対して，普段の園生活での行動傾向を『高い』，『普通』，『低い』の3つの段階で評価してもらい，MKS幼児運動能力検査による体力合計点との関連性を検討した研究が見られます（杉原ほか，2010）。この研究では，自信がある，積極的，粘り強い，好奇心旺盛，友達関係が良好，社交的，リーダー的といった調査したポジティブな行動傾向すべてにおいて，体力合計点の高群，中群，低群の順で高かったことが明らかになりました。また，MKS幼児運動能力検査による体力合計点が高い子どもほど，普段よく一緒に遊ぶ友達の数が多いといったことも明らかになっています。集団で運動遊びを行うためには，仲間との関わりが不可欠です。一緒に遊ぶ仲間として楽しめる場合もあれば，ルールをめぐって揉め事が起きることもあります。筆者も小学校の教員をしていた時に，休み時間に運動遊びを行っている最中に子ども同士で揉め事が起きたことを頻繁に目撃しています。そのような場合に，大人が積極的に揉め事の仲裁に入らなくても，子どもたち自身で上手に揉め事を解決していく様子が多く見られました。このように，お互いぶつかりあいながらも，どうしたら楽しく運動遊びを一緒にできるのかを真剣に考えていくうちに，無意識に社会性を育んでいくのではないでしょうか。（青山　翔）

6　心理的発達

（1）認知発達

ピアジェ（Piaget, J.）は，幼児期から児童期における認知発達について，表2-2のようにモデル化しています。感覚・運動期から前操作期，具体的操作期を経て形式的操作期に至る4段階の認知発達モデルは幼児期から児童期に至る認知発達に関する代表的なモデルであると言えます。

表 2-2　ピアジェによる思考の発達段階とその特徴

時期と大体の年齢	特　徴
感覚・運動知能 （0～2歳）	乳児は，対象の認知をもっぱら感覚と身体運動を通じて行う。次第に，かれの行為の対象への働きかけの効果に気づくようになり，意図的に対象に働きかけるようになる（たとえば，おもちゃを動かすと，音がすることを知り，それを喜んで行う）。最初は，対象が見えなければ，消失してしまったようにふるまうが，やがて，見えなくてもなお存在するという事実を認めるようになる（対象の永続性）。
前操作 （2～7歳）	行動が内面化し，何物かを心内的に表現するとこができるようになる。イメージや語や，象徴遊びによって表現（表象）することができるようになる。しかし，思考はなお「自己中心的」（自己を中心とした社会性を欠いた思考）であり。論理的操作はまだ可能でない。
具体的操作 （7～12歳）	具体物を中心とした論理的操作が可能になる。1対1対応や物を大小の順に並べる系列化の操作ができるようになる。また，保存が可能になり，可逆性が成立する。自己中心的な思考から脱中心化した思考へ移行し，科学的な時間・空間の概念の基礎ができる。
形式的操作 （12歳以降）	具体的操作期とは異なり，形式的・抽象的な水準で操作が行われ，論理的命題による思考を行う。また，「もし……ならば，……である」といった，仮説を立てて事実を予想することができるようになり，変数を一つ一つ分離して体系的実験が行える。

出典：西山・山内（1978）。

ピアジェの発達段階説では，前操作期が小学校入学前，具体的操作期が小学校，形式的操作期が小学校卒業後の年齢区分に対応して区分されることが一般的です。具体的操作期に対応する小学校では具体物を用いた授業作りが重視される一方で，形式的操作期に対応する中学校以降では，「評価する」「理由づける」「関係づける」といった抽象的な思考スキルの習得も求められるようになります（小野塚・泰山，2020）。

（2）心理社会的発達

エリクソン（Erikson, E. H.）は，人間の一生にわたる心理社会的側面の発達段階説を提唱しています。エリクソンの発達段階説は表 2-3 のようにまとめられています。エリクソンは，社会性に着目して人間の生涯にわたる発達について，心理・社会的危機，重要な対人関係の範囲，基本的活力を整理しています。

表 2-3　エリクソンによる心理・社会的発達段階表

発達段階	A 心理・社会的危機	B 重要な対人関係の範囲	C 心理・社会的様式	D 基本的活力
乳児期	信頼 対 不信	母親またはそれにかわる人	得る お返しに与える	希望
乳児前期	自律性 対 恥・疑惑	両親またはそれにかわる人	保持する 手放す	意志力
幼児後期	積極性 対 罪悪感	基本的家族	思いどおりにする（追いかける） まねをする（遊ぶ）	目的性
児童期	生産性 対 劣等感	近隣 学校	ものを作る（完成する） ものを一緒に作る	自信
青年期	同一性 対 同一性拡散	仲間集団と外集団 指導性のモデル	自分自身である（または自分自身でないこと） 自分自身であることの共有	誠実
成人前期	親密と連帯 対 孤立	友情・性・競争 協力の相手	他者の中で自分を失い，発見する	愛
成人期	生殖性 対 自己吸収	分業と協同の家庭	世話をする	配慮
成熟期	完全性 対 絶望	人類 わが種族	過去からそうであったように存在する 存在しなくなることに直面する	英智

出典：西山・山内（1978）。

この中で，青年期の心理・社会的危機における同一性とはアイデンティティと称されることもあります。アイデンティティとは，個人が自分の内部に斉一性と連続性を感じられること，他者がそれを認めてくれることの両方の事実の自覚（畑野ほか，2014）であるとされます。また，乳児期から成熟期に至るまで，重要な対人関係の範囲は広まっていくと考えられる一方で，近年は，青年期における仲間関係は小規模集団（クリーク）と大きな集団（クラウド）の形成を経験しながら個に対応した関係性が形成されるという考え方も提案されています（中間，2014）。

（沖林洋平）

まとめ

日本の子どもの体力低下は長年にわたって問題視されてきましたが，コロナ禍に入り，子どもの体力低下は一層深刻化してきました。子どもの体力低下は幼児期の頃から既に見られますが，この時期の子どもの体力を高めるために，ただ機械的に日常の身体活動量を増やそうとすることは難しいです。子どもが能動的に取り組める遊びとして運動を楽しく継続的に行いながら，多くの運動パターンを経験してこそ，体力の発達が促進されます。また，運動は体力の向上だけでなく，実行機能と言われる認知機能や社会性の向上にも効果的であることがわかってきました。子どもの体力，実行機能，社会性等をより効果的に向上させていく運動実践について検討していくことが今後期待されています。

引用文献（1～5節）

Abe, T., Kitayuguchi, J., Fukushima, N., Kamada, M., Okada, S., Ueta, K., Tanaka, C., Mutoh, Y. (2022). Fundamental movement skills in preschoolers before and during the COVID-19 pandemic in Japan: a serial cross-sectional study. *Environmental Health and Preventive Medicine*, **27**(26), 1-5.

Armstrong, N., Tomkinson, G., Ekelund, U. (2011). Aerobic fitness and its relationship to sport, exercise training and habitual physical activity during youth. *British Journal of Sports Medicine*, **45**, 849-858.

青山 翔（2022）．COVID-19の流行による休園措置が幼児の体力に及ぼす影響 小児保健研究，**81**(3)，287-293.

青山 翔（2023）COVID-19流行前後における児童の体力の比較　学校保健研究，**64**(4)，322-330.

Basterfield L., Burn, N. L., Galna, B., Batten, H., Goffe, L., Karoblyte, G., Lawn, M., Weston, K. L. (2022). Changes in children's physical fitness, BMI and health-related quality of life after the first 2020 COVID-19 lockdown in England: A longitudinal study. *Journal of Sports Sciences*, **40**(10), 1088-1096.

Blair, C. (2002). School readiness: Integrating cognition and emotion in a neurobiological conceptualization of children's functioning at school entry. *American Psychological Association Inc*, **57**, 111-127.

Blair, C., Razza, R. P. (2007). Relating effortful control, executive function, and false belief understanding to emerging math and literacy ability in kindergarden. *Child Development*, **78**, 647-663.

Booth, J. N., Leary, S. D., Joinson, C., Ness, A. R., Tomporowski, P. D., Boyle, J. M., Reilly, J. J. (2013). Associations between objectively measured physical activity and academic attainment in adolescents from a UK cohort. British *Journal of Sports Medicine*, **48** (3), 265-270.

Diamond, A. (2015). Effects of Physical Exercise on Executive Functions: Going beyond Simply Moving to Moving with Thought. *Annals of Sports Medicine and Research*, **2** (1), 1-6.

Dunton G. F., Do B., Wang S. D. (2020). Early effects of the COVID-19 pandemic on physical activity and sedentary behavior in children living in the U.S. *BMC Public Health*, **20**, 1-13.

Hillman, C. H., Castelli, D. M., Buck, S. M. (2005). Aerobic fitness and neurocognitive function in healthy preadolescent children. *Medicine & Science in Sports & Exercise*, **37** (11), 1967-1974.

Hillman, C. H., Pontifex, M. B., Castelli, D. M., Khan, N. A., Raine, L. B., Scudder, M. R., Drollette, E. S., Moore, R. D., Wu, C. T., Kamijo, K. (2014). Effects of the FITKids randomized controlled trial on executive control and brain function. *Academy of Pediatrics*, **134** (4), e1063-e1071.

猪飼 道夫（1969）．運動生理学入門　杏林書院

Ito, T., Sugiura, H., Ito, Y., Noritake, K., Ochi, N. (2021). Effect of the COVID-19 emergency on physical function among school-aged children. International *Journal of Environmental Reserch and Public Health*, **18** (18), 1-8.

春日 晃章（2009）．幼児期における体力差の縦断的推移――３年間の追跡データに基づいて――　発育発達研究，**41**，17-27.

Kim H., Jiameng M., Sunkyoung L., Ying G. (2021). Change in Japanese children's 24-hour movement guidelines and mental health during the COVID-19 pandemic. *Scientific Reports*, **11** (22972), 1-9.

松田 岩男（1961）．幼児の運動能力の発達に関する研究　東京教育大学体育学部紀要，**1**，38-53.

Medrano M., Sanchez C. C., Oses M., Arenaza L., Amasene M., Labayen I. (2021). Changes in lifestyle behaviours during the COVID-19 confinement in Spanish children: A longitudinal analysis from the MUGI project. *Pediatric Obesity*, **16**(4), 1-11.

Miyake, A., Friedman, N., Emerson, M. (2000). The Unity and Diversity of Executive Functions and Their Contributions to Complex Frontal Lobe Tasks: A Latent Variable Analysis, *Cognitive Psychology*, **41**, 49-100.

文部科学省（1998).「新体力テスト実施要項（６～11歳対象)」https://www.mext.go.jp/a_menu/sports/stamina/05030101/001.pdf（2023年７月13日閲覧).

文部科学省（2012).「子どもの体力向上のための取組ハンドブック」https://www.mext.go.jp/a_menu/sports/kodomo/zencyo/1321132.htm（2023年７月13日閲覧).

文部科学省（2012).「幼児期運動指針」https://www.mext.go.jp/a_menu/sports/undousisin/1319771.htm（2023年７月13日閲覧).

文部科学省（2017)「小学校学習指導要領（平成29年告示）解説体育編」https://www.mext.go.jp/component/a_menu/education/micro_detail/_icsFiles/afieldfile/2019/03/18/1387017_010.pdf（2023年７月13日閲覧).

文部科学省（2020).「令和元年度体力・運動能力調査結果の概要及び報告書について」https://www.mext.go.jp/sports/b_menu/toukei/chousa04/tairyoku/kekka/k_detail/1421920_00001.htm（2023年７月13日閲覧).

Moore, S. A., Faulkner, G., Rhodes, R. E., Brussoni, M., Bozzer, T. C., Ferguson L. J., Mitra, R., Reilly, N., Spence, J. C., Vanderloo, L. M., Tremblay, M. S. (2020). Impact of the COVID-19 virus outbreak on movement and play behaviours of Canadian children and youth: a national survey. *International Journal of Behavioral Nutrition and Physical Activity*, **17**(85), 1-12.

森 司朗・杉原 隆・吉田 伊津美・筒井 清次郎・鈴木 康弘・中本 浩揮・近藤 充夫（2010). 2008年の全国調査からみた幼児の運動能力　体育の科学, **60**(1), 56-66.

Pombo, A., Luz, C., de Sá, C., Rodrigues, L. P., Cordovil, R. (2021). Effects of the COVID-19 Lockdown on Portuguese Children's Motor Competence. *Children*, **8**(199), 1-10.

Sakamoto, S., Takeuchi, H., Ihara, N., Ligao, B., Suzukawa, K. (2018) Possible requirement of executive functions for high performance in soccer. *PLoS ONE*, **13**(8), 1-11.

スポーツ庁（2022）.「令和４年度全国体力・運動能力，運動習慣等調査結果」 https://www.mext.go.jp/sports/b_menu/toukei/kodomo/zencyo/1411922_00004.html（2023年７月13日閲覧）.

杉原 隆・河邉 貴子（編著）（2014）．幼児期における運動発達と運動遊びの指導――遊びのなかで子どもは育つ―― ミネルヴァ書房

杉原 隆・吉田 伊津美・森 司朗（2010）．幼児の運動能力と運動指導ならびに性格との関係 体育の科学，**61**(5)，341-347.

杉原 隆・吉田 伊津美・森 司朗（2011）．幼児の運動能力と基礎的運動パターンとの関係 体育の科学，**61**(6)，455-461.

World Health Organization (2020). WHO Director-General's opening remarks at the media briefing on COVID-19 - 11 March 2020. https://www.who.int/director-general/speeches/detail/who-director-general-s-opening-remarks-at-the-media-briefing-on-covid-19---11-march-2020（2023年７月13日閲覧）.

World Health Organization (2020). WHO guidelines on physical activity and sedentary behaviour: at a glance https://www.who.int/publications/i/item/9789240014886（2023年７月13日閲覧）.

Xiang, M., Zhang, Z., Kuwahara, K. (2020). Impact of COVID-19 pandemic on children and adolescents' lifestyle behavior larger than expected. Progress in Cardiovascular Diseases, **63**(4), 531-532.

吉田 伊津美・森 司朗・筒井 清次郎・鈴木 康弘・中本 浩揮（2015）．保育者によって観察された基礎的運動パターンと幼児の運動能力との関係 発育発達研究，**68**，1-9.

引用文献（６節）

畑野 快・杉村 和美・中間 玲子・溝上 慎一・都筑 学（2014）．エリクソン心理社会的段階目録（第５段階）12項目版の作成 心理学研究，**85**(5)，482-487.

中間 玲子（2014）．子どもからの卒業 坂上 裕子・山口 智子・林 創・中間 玲子

（著）問いからはじめる発達心理学（pp. 124-139）　有斐閣
西山 啓・山内 光哉（1978）．目でみる教育心理学　ナカニシヤ出版
小野塚 若菜・泰山 裕（2020）．中学校学習指導要領における思考スキルの抽出　日本教育工学会論文誌，**44**(Suppl.)，1-4.

第3章
記　　憶

学びのポイント

- 心理学における記憶研究の基本的な知見について理解する。
- 記憶プロセスを分割して考えたときに，それぞれのプロセスに影響を与える要因について理解する。
- 記憶に与える感情の影響に関する知見について理解する。
- 心理学研究の知見に基づいた効果的な学習の可能性に気づくことができる。

キーワード☞記銘，保持，想起，処理水準，精緻化，干渉，文脈，感覚記憶，短期記憶，長期記憶，意味記憶，エピソード記憶，手続き記憶，気分一致効果，フラッシュバルブ記憶，ツァイガルニク効果

心理学では「記憶」はどう考えられているか

この章では，心理学研究における記憶の基本的な定義や様々な研究の知見を紹介して，心理学で記憶がどのように捉えられているかを紹介します。みなさんが日常会話で使っている「記憶」と比較して，その違いを考えてみましょう。そして，記憶プロセスを分割して考えたときに，それぞれのプロセスに影響を与える要因について学びながら，効率的に記憶する方法についても考えてみましょう。また，記憶に与える感情の影響について，自身の経験と照らし合わせながら考えてみましょう。

記憶とは，過去の経験や知識，技術に関する情報を保存し，取り出すことができる，人間の脳が持つ重要な要素です。教育場面においても，記憶は重要な役割を担っており，いわゆる記憶力は学業成績の基礎となるものであり，学習者が知識や技能を習得し，応用することを可能にします。しかし，その重要性にもかかわらず，記憶のプロセスをサポートするための教育実践が最適化されていないことも多い。この章では，記憶研究の基本的な知見を紹介し，心理学研究の知見に基づいた効果的な学習の可能性を提案します。

1　記憶の基礎

「記憶」という言葉からイメージするのは，「おぼえる」といった1つの行為のように感じるかもしれませんが，記憶の研究では，「**記銘**」，「**保持**」，「**想起**」といった，3つの段階に分割されています（図3-1）。まず，記憶プロセスの最初の段階である記銘は，符号化とも書かれることがあります。記銘は，情報をおぼえこむことであり，その過程では，外部から入力された情報を，脳内で処理・保存できる形に変換することを行います。記銘に影響を与える要因として，**処理水準**や**精緻化**の影響が示されています。次に，記憶の第2段階である保持は，貯蔵とも書かれることがあります。保持は，記銘された情報を記憶として脳内に保存することです。情報は記銘された後，脳内の様々な記憶システムに保存されることになりますが，時間の経過とともに失われていきます（忘却）。忘却に影響を与える要因として，**干渉**の影響が示されています。最後に，記憶の第3段階である想起は，検索とも書かれることがあります。想起とは，記銘された後，保持された情報にアクセスし，それを意識的に呼び出したり，認知

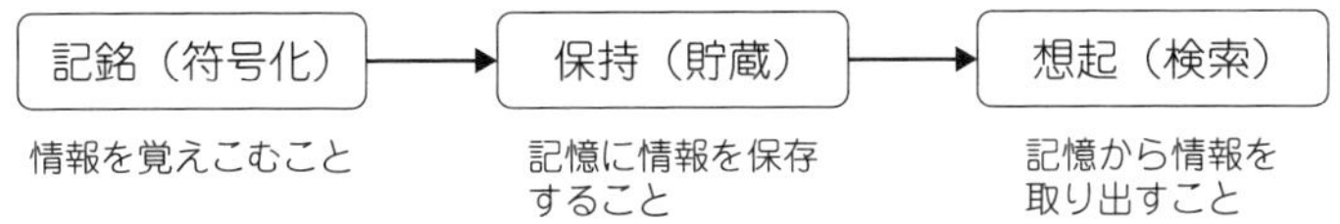

図3-1　記憶における3段階のプロセス

的な作業に無意識的に利用したりするプロセスです。想起に影響を与える要因として，**文脈**の影響が示されています。

例えば，初めて見る英単語の意味と綴りを翌週の試験のために記憶するケースで考えてみましょう。まず，英単語の意味と綴りを読んだり書いたりすることによって，脳内に情報を記銘します。その後，翌週の試験の時まで，脳内に英単語の情報を保持します。そして，試験の際に，英単語の意味等の手がかりをもとに，脳内の英単語に関する情報を想起することによって回答します。重要なことは，これら３段階のプロセスすべてがうまく働くことで初めて，最終的に正答することができるのです。

2　記銘，保持，想起に影響を与える要因

次に，記銘に影響を与える要因として，処理水準と精緻化，保持に影響を与える要因として干渉，想起に影響を与える要因として文脈に焦点を当て，それぞれの影響について紹介します。

（1）処理水準

処理水準の理論は，1972年にクレイクとロックハートによって提案されました（Craik & Lockhart, 1972）。この理論では，記銘時の処理には浅いものから深いものまで，様々なレベルや深さがあり，情報がより深く精巧に処理されればされるほど，その情報はよりよく記憶されることになる，というものです。ここでいう浅い処理とは，例えば，呈示された単語が大文字で書かれているのか，もしくは小文字で書かれているのか，といった文字レベルの処理を指します。一方，深い処理とは，呈示された単語が「私はスーパーで○○を買った」の「○○」にあてはまるかどうかといった意味レベルの処理を指します。さらに，呈示された単語のもの自体を，自分が好きかどうか，といった自己と関連性を考えた場合にも，処理が深くなるとされています。

（2）精緻化

精緻化とは，記憶する情報とすでにもっている情報を結びつけたり，記憶する情報同士をより大きな情報のかたまりにまとめたりすることで，記銘や符号化を豊かにする記憶の方略のことです（Craik & Tulving, 1975）。例えば，“りんご”，“包丁”，“フォーク”という3つの単語を記憶する際，りんごを包丁で切ってフォークで刺して食べる，といったイメージをすると記憶しやすくなります。このように，記銘の際に単語同士を1つの物語に体制化することで記憶課題の成績が向上することが示されています（Bower & Clark, 1969）。精緻化は，一見すると処理水準と似た概念ですが，処理水準が主に情報処理の質に焦点を当てているのに対し，精緻化は記憶する情報と一緒に符号化される情報の量に焦点を当てた概念とされています（神谷，1984）。

（3）干　渉

干渉とは，ある記憶が他の記憶によって影響されることです。干渉には順向干渉（順向抑制）と逆向干渉（逆向抑制）があります。順向干渉とは，以前に記銘した似通った記憶のために，新しい学習が妨害されることです。反対に，逆行干渉とは，新しい学習のために以前に記銘した似通った記憶が妨害されることです。例えば，新しく英単語をおぼえる際，先に waist（腰）という単語を記憶して，その後，waste（無駄）を記憶したとします。その際，先に記憶していた waist（腰）の影響で，「無駄」の英語表記を waist と答えてしまう場合が順行干渉です。反対に，後に記憶した waste（無駄）の影響で，「腰」の英語表記を waste と書いてしまう場合が逆行干渉です。こうした記憶の干渉は waist と waste のように，記銘する内容が似ているほど生起しやすいとされています。

（4）文　脈

記憶研究における「文脈」とは，記憶すべき対象以外の周りの状況を指します。そして記銘した時の文脈と想起する時の文脈が似ているほど，記憶の成績がよくなることを文脈効果と言います。例えば，外出する際，玄関で忘れ物に

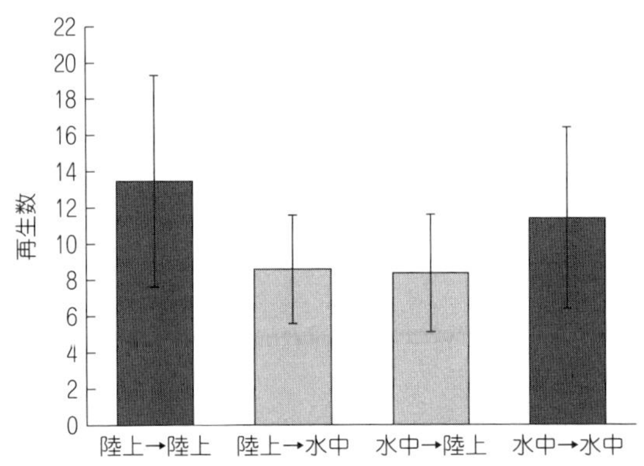

図 3-2　文脈に依存した記憶を調べた実験結果の例

注：エラーバーは標準偏差を示す。
出典：Godden & Baddeley（1975）より筆者作成。

気が付いて，部屋に戻ったら何を取りにきたか忘れてしまって，仕方なく玄関に行ったら，取りに行くものを思い出した，といった経験はないでしょうか？ゴッデンとバデリー（Godden & Baddely, 1975）は，潜水士が水中で記憶したことを陸上に上がると忘れてしまうことが多いことから，水中と陸上の２種類の文脈条件下で記憶課題を行いました。具体的には，スキューバダイビングのクラブの学生に，水中または陸上で単語のリストの記銘および再生（記銘したことをそのまま思い出すこと）をしてもらいました。その結果，水中で記銘した単語は水中で再生しやすく，陸上で記銘した単語は陸上で再生しやすい，という結果になりました（図 3-2）。この結果は，記銘と再生の文脈が一致した方が，一致しない場合よりも記憶の成績が良くなることを示しています。

3　記憶の時間的区分

記憶の時間的区分については，アトキンソンとシフリンの多重貯蔵モデル（Attkinson & Shiffrin, 1968）を用いて説明されることが多い。ここでは，アトキンソンとシフリンのモデル図を改変した図（図 3-3）を用いて説明します。記憶の時間的区分では，記銘した情報を保持しておく時間に着目して，感覚記憶，短期記憶，長期記憶の３段階に区分しています。まず，外界からの情報は

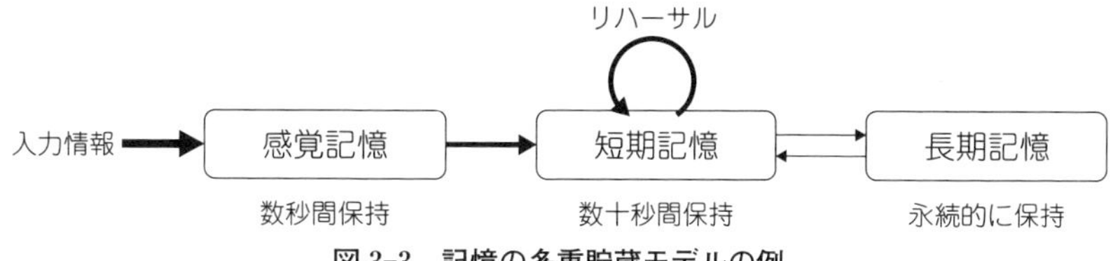

図 3-3　記憶の多重貯蔵モデルの例

出典：Atkinson & Shiffrin（1968）を改変。

感覚記憶に入ります。感覚記憶に入った情報のうち，注意を向けた情報が短期記憶に入ります。そして短期記憶に入った情報のうち，一部の情報が長期記憶に転送されます。このとき，リハーサル等で忘却を防ぐことで，長期記憶に転送されやすくなります。以下にそれぞれの記憶を説明します。

（1）感覚記憶

感覚記憶に関しては，日常生活で意識することはほぼありません。そんな感覚記憶の存在を，スパーリング（Sperling, 1960）は部分報告法を用いた巧妙な実験パラダイムを用いて示しました（図 3-4）。実験では，3行4列の12個の文字配列を瞬間提示し，観察者はその文字を報告することを要求されました。実験の結果，報告できた個数は12個中，平均で約4.5個となりました。次に，部分報告法を用いた実験では，文字配列が消えた直後に，音によって，3行のうちどの行を報告するかを指示しました。すなわち，部分報告法では，12個中4個のみを報告することになります。その結果，報告できた個数は4個中，約3個となりました。ポイントは，音は文字が消えた後に呈示されるため，観察者はどの行を指示されるかは事前にはわからない点です。すなわち，4個中3個

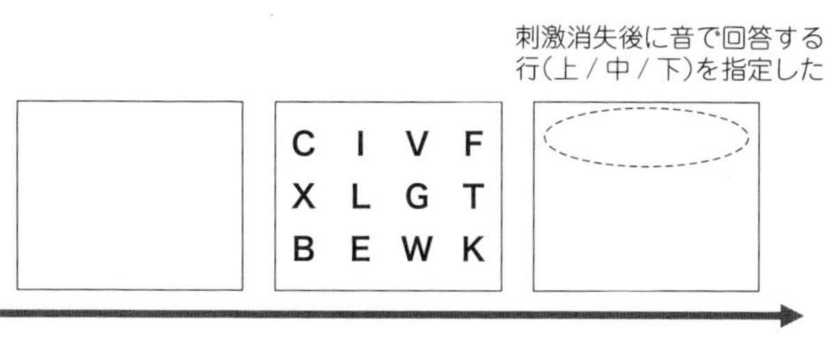

図 3-4　部分報告法の実験例

出典：Sperling（1960）を改変。

(75%) 報告できたということは，観察者は12個中の9個は報告できる可能性があったということになります。それではなぜ，12個の報告を求められた際に，4.5個しか報告できなかったかというと，視角の感覚記憶（アイコニックメモリ）の持続時間が約0.5～1秒であるからと考えられています。

（2）短期記憶

感覚記憶に入力された情報のなかで，注意を向けられた情報は一時的に短期記憶に送られます。この短期記憶の保持時間には限界があり，保持時間は数十秒程度と考えられています。短期記憶に保持されている情報は，この保持時間中にリハーサルなど情報を長期記憶に転送するための処理がなされなければ失われることになります（忘却)。また，短期記憶の容量にも限界があります。しかし，語呂合わせや塊にまとめたりすることで，短期記憶に保持できる情報の数を増やすこともできます。例えば，「O，R，A，N，G，E」といった文字を記憶する際，単に文字として記憶しようとすると6個分の容量をつかうことになってしまうが，Orange（オレンジ）として記憶することで単語1個分の容量で済むことになり，短期記憶に保持しやすくなります。こうした，記憶の情報の心的な単位を「チャンク」といいます，また，短期記憶の考え方は情報の保持に焦点が当てられていますが，保持に加えて情報の処理にも焦点を当てた記憶の考え方をワーキングメモリ（作業記憶）といいます（Baddeley, 1992)。

（3）長期記憶

長期記憶はほぼ無限の容量をもつ永続的な記憶です。長期記憶は，記憶内容を常に意識している必要はなく，必要な時に意識を向けて利用することが可能である，という特徴があります。例えば，自分の誕生日の日付は，いつも意識しているわけではありませんが，長期記憶には保存されていて，必要な時に取り出すことができます。また，長期記憶は次に説明するように，記憶内容によっていくつかの種類に分類されます。

4　長期記憶の種類

まず，長期記憶は記憶の内容によって，宣言的記憶と非宣言的記憶に区分することができます。宣言的記憶は，言葉に表すことのできる記憶であり，非宣言的記憶は，言葉に表すことのできない記憶を指します。宣言的記憶はさらに，**意味記憶**と**エピソード記憶**に区分することができます。意味記憶は，いわゆる知識と呼ばれるような記憶です。カエルは両生類である，といった定義や，りんごの英語表記はappleである，といった言葉の知識など，いつ，どこでおぼえたのかは忘れていても，永続的に使うことのできる，辞典に書かれているような内容の記憶を指します。エピソード記憶は，「昨日の夕食は，自宅で食べたカレーだった」など，時間や場所，そのときの感情が含まれるエピソードの記憶を指します。非宣言的記憶の代表的な記憶として，**手続き記憶**が挙げられます。手続き記憶とは，技能や手続きに関する記憶です。例えば，携帯電話で文章を作成する際，フリック入力に慣れている人にとっては，どうすればどの文字が入力されるかは考えることもなく，勝手に手が動いて文章を作成することができます。このように，手続き記憶は，意識しなくとも使うことができる，いわゆる体がおぼえている記憶を指します。

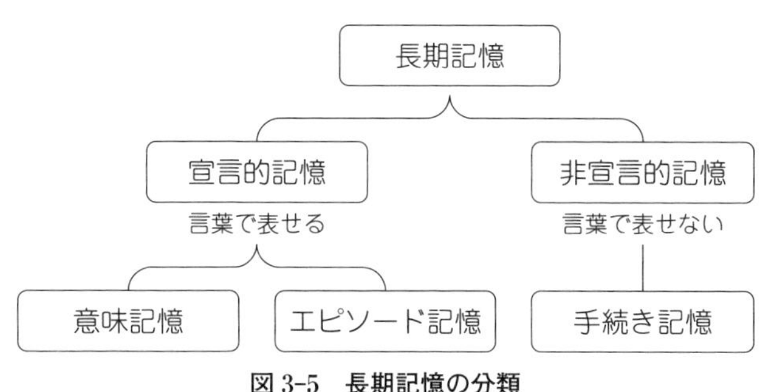

図3-5　長期記憶の分類

5　記憶と感情

感情は人間の行動に大きな影響を与えることが知られています。記憶に関しても同様に，感情の影響を大きく受けます。ここでは，感情が記憶に与える影響に関する現象を紹介します。

（1）気分一致効果

気分がポジティブな時には，ポジティブな出来事を思い出しやすかったり，反対に気分がネガティブな時には，ネガティブな出来事を思い出しやすい，といった経験はないでしょうか。**気分一致効果**とは，気分と同じ感情化を持つ情報の記銘および想起が促進されることを指します。バウアーらは，催眠により，参加者を幸せな気分もしくは悲しい気分に誘導したえうえで，参加者に幸せな人物と不幸な人物の2人が登場する物語を読んでもらいました。翌日，参加者に物語の内容を思い出してもらったところ，幸せな気分で物語を読んだ参加者は幸せな人物のエピソードを多く思い出し，悲しい気分で物語を読んだ参加者は不幸な人物のエピソードを多く思い出しました（Bower, Gilligan, & Monteiro, 1981）。この結果は，ポジティブ（ネガティブ）な気分の時はポジティブ（ネガティブ）な刺激に注意が向きやすく，思い出されるエピソードもポジティブ（ネガティブ）なものになりやすいことを示しています。

（2）フラッシュバルブ記憶

フラッシュバルブ記憶とは，強い感情や個人の重要性を伴う出来事に関する非常に鮮明かつ詳細な記憶を指します（Brown & Kulik, 1977）。例えば，多くの人がアメリカ同時多発テロ事件や東日本大震災などのニュースを最初に見たときの状況を正確かつ鮮明に思い出せることが知られています。この理由として，激しい感情と出来事の新規性や意外性が組み合わさって，鮮明な記憶が形成されると考えられています。また，重大な出来事であれば人々が話題にすることも多いため，思い出す回数も多くなり，記憶が補強されやすくなると考えられます。フラッシュバルブ記憶が通常の記憶と少し異なるのは，記憶に対する自信と記憶の鮮明さを伴う点です。フラッシュバルブ記憶を経験した人は，しばしば自分の記憶の正確さに高い自信を持ち，詳細まで非常に明瞭におぼえていると信じています。しかし，フラッシュバルブの記憶は，通常の記憶よりも必ずしも正確ではないことも明らかになっています（Talaric & Rubin, 2003）。

（3）ツァイガルニク効果

ツァイガルニク効果とは，達成できた事柄より達成できていない事柄や中断している事柄をよく意識している状態や記憶している状態を指します（Lewin, 1927）。例えば，終わっていない宿題が気になって夏休みが楽しめなかった経験はないでしょうか？　私たちはある作業を始めたけれど，完了しなかった場合，少なからず緊張状態や不快感が生じます。この緊張が認知的なリマインダーとして働き，他の活動に移っても，その作業に関する記憶は私たちの頭の中で活性化し続けます。その結果，完了した作業に比べて，未完了の作業の方が記憶に残りやすくなることがあります。

まとめ

① 記憶は「おぼえる」といった1つの行為のように思われがちですが，記憶研究では，記銘，保持，想起の3段階に分割されて考えられています。そして，これら3段階のプロセスすべてがうまく働くことで初めて，最終的に記憶に関する試験等で正答することができます。

② 記銘，保持，想起に影響を与える要因として，処理水準，精緻化，干渉，文脈などが挙げられます。それぞれをプロセスに影響を与える要因について理解することで，記憶プロセスを効率的に行うことができるかもしれません。

③ 記憶の時間的区分については，感覚記憶，短期記憶，長期記憶の3段階に区分して考えられています。これらの区分の基準は，記銘した情報を保持しておく時間です。感覚記憶は数秒程度，短期記憶は数十秒，長期記憶は永続的な保持時間とされています。

④ 長期記憶は記憶の内容によって，宣言的記憶と非宣言的記憶に区分されています。宣言的記憶は，意味記憶とエピソード記憶に区分され，非宣言的記憶の代表

的な記憶として，手続き記憶が挙げられます。

⑤ 記憶は感情の影響を大きく受けることが知られています。その例として，気分一致効果，フラッシュバルブ記憶，ツァイガルニク効果などが挙げられます。

引用文献

Atkinson, R. C., & Shiffrin, R. M. (1968). Human memory: A proposed system and its control processes. In K. W. Spence & J. T. Spence, *The psychology of learning and motivation: II.* Academic Press.
https://doi.org/10.1016/S0079-7421(08)60422-3

Baddeley, A. (1992). Working memory. *Science*, **255**(5044), 556-559.
https://doi.org/10.1126/science.1736359

Bower, G. H., & Clark, M. C. (1969). Narrative stories as mediators for serial learning. *Psychonomic Science*, **14**(4), 181-182.

Bower, G. H., Gilligan, S. G., & Monteiro, K. P. (1981). Selectivity of learning caused by affective states. *Journal of Experimental Psychology: General*, **110**(4), 451-473. https://doi.org/10.1037/0096-3445.110.4.451.

Brown, R., & Kulik, J. (1977). Flashbulb memories. *Cognition*, **5**(1), 73-99.
https://doi.org/10.1016/0010-0277(77)90018-X.

Craik, F. I., & Lockhart, R. S. (1972). Levels of processing: A framework for memory research. *Journal of Verbal Learning & Verbal Behavior*, **11**(6), 671-684.
https://doi.org/10.1016/S0022-5371(72)80001-X.

Craik, F. I. M., & Tulving, E. (1975). Depth of processing and the retention of words in episodic memory. *Journal of Experimental Psychology: General*, **104**(3), 268-294. https://doi.org/10.1037/0096-3445.104.3.268

Godden, D. R., & Baddeley, A. D. (1975). Context-dependent memory in two natural environments: On land and underwater. *British Journal of Psychology*, **66**(3), 325-331.
https://doi.org/10.1111/j.2044-8295.1975.tb01468.x

神谷 俊次 (1984). 精緻化が単語の保持に及ぼす効果　心理学研究，**55**(3)，145-151.
https://doi.org/10.4992/jjpsy.55.145.

Lewin, K. (1927). Untersuchungen zur Handlungs-und Affektpsychologie. III. Zeigarnik, B. Das Behalten erledigter und unerledigter Handlungen [Investigations on the psychology of action and affection. III. The memory of completed and uncompleted actions]. *Psychologische Forschung*, **9**, 1-85. https://doi.org/10.1007/BF02409755

Sperling, G. (1960). The information available in brief visual presentations. Psychological Monographs: *General and Applied*, **74**(11), 1-29. https://doi.org/10.1037/h0093759

Talarico, J. M., & Rubin, D. C. (2003). Confidence, not consistency, characterizes flashbulb memories. *Psychological Science*, **14**(5), 455-461. https://doi.org/10.1111/1467-9280.02453

(小野史典)

第4章
文章の読解力の発達

学びのポイント
- 人間はどのようにして文章を理解しているのでしょうか。
- 子どもはどのようにして文章を読めるようになるのでしょうか。
- 文章の読解を支えている能力はどのようなものでしょうか。

キーワード☞文章理解，読解力の発達，読みに関するシンプルビュー，復号化，語彙力，構成・統合モデル

① 人間がどのようにして文章を理解しているのか，理解の過程で頭の中で何が起こっているのか想像してみましょう。

② 文章の理解は，文章を構成する単語の意味を思い出すことの総和によって成り立つのでしょうか，あるいはそれ以上の何かが伴うのでしょうか。

③ 文章の読解の仕方は発達に伴ってどのように変化するのでしょうか。

生きていく上で人は常に経験を通して自分の知識（記憶）を更新しています。特に現代社会は変化が激しく，学び続けていくことが重要とされています。そのような中で，意識的に知識を獲得していく際，多くの場合，言語を介して学びます。例えば，学校で授業を受けたり，書籍を読んだりしています。そういった意味で，人の話や書かれた文章を理解することはとても重要なことだといえます。

それでは，我々はどのように文章を理解しているのでしょうか。皆さんはどう考えますか。学生に尋ねてみると，ひとつひとつの単語の意味を理解して，文としての表現などにも気をつけながら読んでいくといった答えが返ってきます。実際のところはどうなのでしょう。単語についての様々な知識は，文章を読み，理解する力（読解力）にどの程度貢献しているのでしょうか。このことを考えるために，本章では書かれた文章の読解能力の発達について見ていくことにしましょう。

1　「読み」の最初期

読みの発達の最初期では，当然文字の読み方をおぼえなければなりません（詳しくは，藤木，2010を参照）。日本語では，まずは仮名文字からおぼえていくのが一般的です。仮名をおぼえる上では，1音節がおおよそ1文字に相当するということに気づくことが大切で，「ネズミ」といった語が3つの音節からなっているということがわかること，「ネ」という音は語頭，「ミ」という音は語末にあると認識できること等が文字の習得と関わっているといわれています（天野，1970）。また，文字の形の認識の能力も大切で，「ン」を見せて「ツ」「シ」「ソ」「ン」の中から同じものを選ぶことができるように練習することで，文字の読みの成績が向上することが示されています（杉村・久保，1975）。仮名文字の習得では，文字と，音と，形とを結びつけられるようになることが重要だといえます。

文字が読めるようになり，語や句の単位で読むことが苦でなくなると，それらが束ねられた文章単位での理解が求められるようになります。実際，幼児の絵本の読みの様子を観察（秋田・無藤・藤岡・安見，1995）すると，1文字ずつ拾い読みをする段階や，文節などの単位で読める段階などを経て，だんだんと流ちょうな読みができるようになるようです。けれども，すべての子どもが等しく文章の内容を上手く理解できるわけではありません。そういった個人差は何から生まれるのでしょうか。

2　就学前後の読解力を支える能力

読みがうまくできたりできなかったりする原因を考えることは，文章を読む上で何が重要な役割を果たしているのかを知ることにつながります。読みに関するシンプルビュー（simple view of reading；例えば Gough & Tunmer, 1986）に基づくと，読み（reading）は「復号化（decoding）×理解（comprehension）」で表せます（図 4-1）。ここでいう復号化とはおおよそ文字とその読み方との対応規則を用いた語の認知のことを指し，書かれた単語を音韻を伴って符号化（encoding；情報を心の中で操作可能な形に変換）することだといえます。つまり，復号化の効率性は文字や語の音韻符号化等からなるといえます。一方ここでいう理解とは，語彙情報，文，それらをまとめた談話（discourse）を解釈するプロセスのことを指します。Lervåg, et al.（2018）は，この理解の能力は語彙力や文法的なスキル，ワーキングメモリ，推論能力といったものからなるとしています。

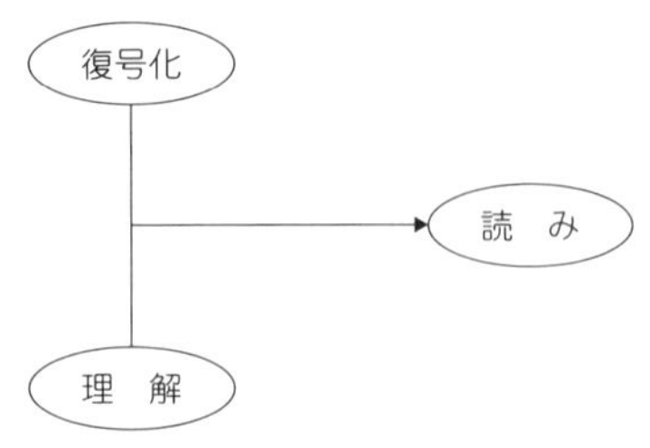

図 4-1　読みに関するシンプルビュー

このうち，特に文章を読み始めた時期では復号化の効率性が読みの能力に関わるとされています（e.g. Lervåg, et al., 2018）。例えば高橋（1993）は，幼稚園の年長（5，6歳）と小学校の1年生（6，7歳），3年生（8，9歳）を対象に，単語の記銘（聞き取ったり読み上げたりした語の記銘再生），単語の意味処理の自動化（絵画ストゥループ課題での語を無視した絵の命名），単語の音韻符号化（単語の命名，すなわち素早い読み上げ）が読解力を説明するかを検討しました。その結果，年長児は単語の音韻符号化や聴覚的な単語の記銘が視覚的な単語の記銘を媒介して読解力を説明したり，単語の意味処理の自動化が読解力を説明したりすることがわかりました。また，1年生では単語の音韻符号化と聴覚的な単語の記銘の成績が読解力を説明するのに対し，3年生では単語の音韻符号化のみが読解力を説明することがわかりました。また高橋（1996）は，1年生を対象とした調査で，文字・単語の符号化（命名）と聴解が読解力を説明する一方，非単語の符号化は読解力と関連がないことも示しています。これらのことから，文字を習得した直後は，単語の記銘といった短期記憶や単語の意味処理の自動化に加え，単語の音韻符号化，つまり復号化の効率性が読みの能力と関わるものの，その後は復号化のみが影響するようになるといえます。また，聴解力という理解の能力も読みの能力と関わるといえます。

3　就学後の読解力を支える能力

復号化の効率性が読みに与える影響に関して詳しく見てみると，個々の語のものではなく，文章中の文脈の影響を踏まえたものが重要になっていくようです。Jenkins et al.（2003）は，アメリカの小学校4年生を対象に，単語を読むスピードが読解成績に及ぼす影響を調べました。このとき単語を読むスピードは文章の形のものを読んでいく場合（文脈あり）と，その単語をランダムに並べ替えたものを読んでいく場合（文脈なし）とがありました。分析の結果，文脈がある中で単語を読むスピードが圧倒的に読解成績を説明し，これと比べて文脈がない中で単語を読むスピードはごくわずかしか読解成績を説明しませんでした。また，Vellutino et al.（2007）のニューヨーク州の2，3年生と6，

７年生を対象にした研究によると，文脈なしのスピードは２，３年生の方が６，７年生に比べて読解力をかなり強く説明するようです。これらをまとめると，低学年の内は単語レベルの復号化の効率性が読みの能力に強く影響しているものの，学年が上がるにつれその影響は小さくなり，文章中の文脈情報を利用しながら次に来る語を予測しつつ復号化できることが読みの能力に関わるようになっていくと考えられます。

一方で，発達に伴い復号化の効率性が読みの能力に占める割合は相対的に低下していきます。高橋（2001）は，小学校１，３，５年生の時点の読解力について検討しました。その結果，単語・文字の符号化（仮名単語の命名速度），ワーキングメモリ（リーディングスパン），語彙力（語義の理解）がそれぞれの学年の読解力を予測するものの，このうち，文字・単語の符号化は１年生で最も説明力を持つもののその後低下するのに対し，ワーキングメモリは１，３年生で説明力を持ち，語彙力は一貫して説明力が高いことがわかりました。また，５年生において仮名ではなく漢字の符号化で考えても読解力をうまく説明することはありませんでした。復号化の効率性は読みの能力と関係が弱くなる一方，理解の能力を構成するものとしての語彙力は一貫して読みの能力に関係するといえます。

また，先ほどの Vellutino, et al.（2007）は，音韻的なスキルや，意味的・統語的なスキル等が読解力を予測できるかを検討しています。ここでいう音韻的なスキルとは，音韻的な符号化（phonological coding；無意味音節の記憶や抽象語の記憶）や音韻的な意識（phonological awareness；特定の音素が語のどの位置にあるのかを同定等），音韻的な復号化（phonological decoding；疑似単語の命名），スペリング（spelling；聞き取った単語の書き取り）からなるものでした。これに対し，意味的なスキルとは意味的な知識のことで，語義の説明や類語同士の共通点の説明等に関するもの，統語的なスキルとは統語的な知識のことで，耳にした文が文法的に正しいか判断するものでした。分析の結果，２，３年生では音韻的なスキルのすべてが読解力を説明したのに対し，６，７年生ではスペリングのみが説明することがわかりました。これに対し，いずれの学年においても意味的な知識は読解力に関連し，統語的な知識は関連しませんで

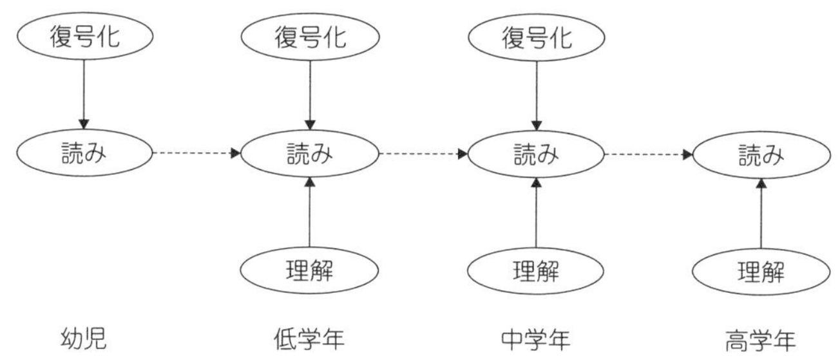

図 4-2　読みに関するシンプルビューに基づく読みの能力と復号化の効率性や理解の能力との関係の発達的変化

した。加えて，言語理解（language comprehension）つまり，物語の聴解力は２，３年生に比べて６，７年生でより強く読解力を予測することも示されました。このことから，理解の能力を構成するものとしての語彙力が読みの能力に関係するとともに，学年が上がると理解の能力が読みの能力に大きく関わるようになることがうかがえます。

以上の第２，３節をざっくりまとめて図示すると図4-2のようになるでしょう。

4　文章の理解とはなにか

ここまで，文章の読みのうち，復号化に関する事柄を中心にお話をしてきました。これに対し，読みに関するシンプルビューのもう１つの変数である言語の理解，すなわち語彙情報や文，談話を解釈するプロセスとは，より具体的にはどのようなものでしょうか。文章をどのように理解しているのかに関する説明はいくつかあるのですが，そのなかでおそらく最も代表的なもの（構成・統合モデル construction-integration model）を紹介します。

Kintsch（1998）によると，我々が文章を理解する際，まずは命題，つまり文の中の述語等と１つ以上の名詞を句（項 artument）をひとまとまりとする単位で処理が発生します。そしてこの命題同士が対等につながったり，階層的につながったりしてネットワークが構築されます。このようにして心内に作られた表象はテキストベース（text base）と呼ばれています。ちなみに「表象」

とは representation の訳で，子安（1996）の説明に基づくと，presentation は目の前に現前するものを示しますが，それに「再び」という意味の接頭辞の re がついているので，心の中で何かを再現したものを指します。ごく簡単にいえば，読んだり聞いたりした文章の意味が心の中に構築されたもののことです。例えば，図 4-3 の文章のテキストベースは，Kintsch（1998）等での記法とは異なりますが，日本語の構造に合わせてアレンジしつつ表すと図 4-4 のようになります。このうち，わかりやすいところでいうと，図 4-3 の最後の部分「理解の能力が大きな位置を占める」は「占める」という動詞（述語）に対し「理解の能力」や「大きな位置」といった名詞句（項）からなっており，図 4-4 の右下部分のように表せます。つまり，こういった命題が複数が入れ子構造となったり，複数の節や文がつながる形でテキストベースとなっているということです。

このテキストベースは文章を読み進めていく内に命題を選別したり，いくつかの命題を一般化したり，言い換えたりするようなイメージで要約的なものに

読みに関するシンプルビューでは読みの能力は，復号化の効率性と理解の能力とからなると考えられている。復号化の効率性は発達の初期では読みの能力の大きな位置を占めるが，最終的には理解の能力が大きな位置を占めるようになる。

図 4-3　文章例（第 2，3 節の要約）

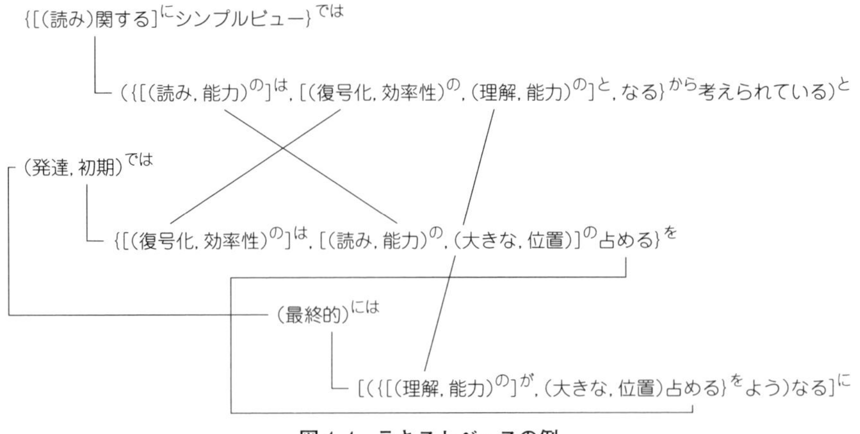

図 4-4　テキストベースの例

作り替えられます。例えば，図 4-3 は第２，３節を要約したものです。文章の読解力として計測されているものの多くは文章の内容の記憶の正確さや，要約の正確さ等に関するもので，これは書かれていた内容に沿ってテキストベースが作れているかを確かめるものです。

また，文章はそこに書かれていることだけにもとづいて理解されるのではなく，一般常識のような知識や文章のテーマに関わる知識を用いながら理解されます。このようにして作られた理解表象は状況モデル（situation model）と呼ばれます。一般常識ではありませんが，第２，３節が図 4-2 のようなことを表す文章で，その主旨は図 4-3 のようであるということを知った上で，もう一度第２，３節を読み返すと理解の仕方が異なるだろうと思います。また，例えば「なぜ復号化の効率性は発達とともに読みの能力の中での比重が低くなるのか」と問われたとするとなんと答えるでしょう。第１節で絵本の読みが１文字ずつの読みからだんだん流ちょうな読みに変化する（秋田ほか，1995）と紹介しましたが，そういった知識を踏まえて，「発達とともに文字からの音韻符号化が流ちょうになり，ほとんどの子供の復号が自動化され（つまり，意識することなく音韻符号化できるようになり），個人差がなくなったため，読みの能力の予測変数ではなくなった」と答えるとすると，それは第１節で手に入れた知識と，第２，３節で述べられた文章の内容とを組み合わせる推論によって得られた理解状態だといえます。

5　文章の要点を把握する能力の発達

前節で見たように，文章の理解とは書かれた内容の要点をつかみつつ，知識も利用しながら筋の通った表象を作りあげることだといえます。それでは文章の一貫性のある表象を作る能力はどのように発達するのでしょうか。これと関わる研究として Markman（1979）は，小学生３，６年生が文章中の矛盾を検出する能力の発達的変化について検討しました。用いられた文章は，例えば，ある架空の蛇の話で，この蛇には耳がないとしているにもかかわらず特殊な音を出す虫を見つけることができるとしているような文章でした。子どもたちはこの文章を完成させるための相談役としておかしなところがあったら教えて欲しいと依頼されていました。その結果は芳しくなく，６年生でも完璧に文章中の矛盾を指摘することはできませんでした。一方で，文章を読む際に２文毎に復唱させたりすると，虫の音を聞くことができないという文の直後に虫の音を聞くことができるという文が続くように明示的に矛盾が示されている場合，６年生がより多く矛盾に気づくことができることもありました。また，文章中に問題があると知らされていると，６年生ならばこのように明示的に矛盾が示されていない場合でも多く問題を指摘できるようになりました。高学年になると文章中の一貫性を保つ読みができるようになるので矛盾に気づけるようになるといえます。

これに加えて西垣（2000）は小学校４，５，６年生を対象に，Markman（1979）の用いた局所的な矛盾だけでなく，全体の主旨として良いヘビとされた後に，これに矛盾する迷惑なヘビであるという文を加え，それに気づけるかも検討しました。その結果，局所的な矛盾よりも全体的な矛盾に気づきやすいことがわかりました。文章の読解過程で要約的なテキストベースを作る中で主旨に関わる内容は要点情報としてその他の情報と結びつくため，それと矛盾する情報は検出しやすいと考えられます。また特に５，６年生で全体的な矛盾に気づきやすいことを示しました。４年生では５，６年生と比較すると文章全体としての一貫性のある要約的表象を作るのが難しかったと考えられます。

また向井（2004）は，小学校４，５，６年生，中学校１，２年生を対象に，テキストベースの構築能力の発達にともなう状況モデルの構築能力の発達について検討しました。用いられた文章は貿易不均衡に関するもので，テキストベースの構築状況を測る要点把握問題として貿易不均衡をなくするにはどうしたらよいか尋ね，状況モデルの構築状況を測る応用問題として主要輸出品に関税をかけられた国の対抗手段について尋ねました。その結果，応用的問題の解決能力は小学校４年から中学１年までに間に伸びていくのに対し，中学１年までの間に要点を自分の言葉で表現できるようになると，それにともなって小学校６年から中学校１年にかけて応用的問題の解決能力が格段に向上することがわかりました。読み手の心内で読んだ文章の内容を再構成し，要約できるようになることが状況モデルの構築の前提となると考えられます。

以上のように，小学校卒業から中学校入学の頃にかけて，言語の理解能力に変化があると言えます。就学前から小学校入学の頃に文字や単語を効率よく読めることが重要だった状態から，文章全体としての整合性のある理解表象が作れる状態へと発達していくといえます。

まとめ

この章では，書かれた文章の読解の発達について就学前の段階から小中学生までに関する研究を概観してきました。

① 子どもは文字が読めるようになると，語や句，文章の単位の読みができるようになります。

② 読みに関するシンプルビューによると，読みの能力は復号化の効率性と言葉の理解の能力との掛け合わせで表せます。

③ 読みの能力は，就学前後は復号化の効率性の占める割合が多いものの，年齢が上がるにつれてその割合は小さくなり，理解の能力の占める割合が大きくなります。

④ 文章の理解過程では，文章を構成する命題単位の処理から始まり，それらがネットワーク状につながり，必要に応じて要約的表象が作られたり，読み手の持っている知識に基づいた理解表象が作られたりします。

引用文献

秋田 喜代美・無藤 隆・藤岡 真貴子・安見 克夫（1995）．幼児はいかに本を読むか？――かな文字の習得と読み方の関連性の縦断的検討――　発達心理学研究，**6**，58-68.

天野 清（1970）．語の音韻構造の分析行為の形成とかな文字の読みの学習　教育心理学研究，**18**，76-89.

藤木 大介（2010）．読み書きの発達　栗山和広（編著）子どもはどう考えるか――認知心理学から見た子どもの思考――（pp. 63-82）　おうふう

Gough, P. B. & Tunmer, W. E. (1986). Decoding, reading, and reading disability. *Remedial and Special Education*, **7**, 6-10.

Jenkins, J. R., Fuchs, L. S., van den Broek, P., Espin, C., & Deno, S. L. (2003). Sources of individual differences in reading comprehension and reading fluency. *Journal of Educational Psychology*, **95**, 719-729.

Kintsch, W. (1998). *Comprehension: A paradigm for cognition.* Cambridge University Press.

子安 増生（1996）．認知の発達　大村彰道（編）教育心理学Ｉ――発達と学習指導の心理学――（pp. 1-18）　東京大学出版会

Lervåg, A., Hulme, C., & Melby-Lervåg, M. (2018). Unpicking the developmental relationship between oral language skills and reading comprehension: It's simple, but complex. *Child Development*, **89**, 1821-1838.

Markman, E. M. (1979). Realizing that you don't understand: Elementary school children's awareness of inconsistencies. *Child Development*, **50**, 643-655.

向井 小百合（2004）．小中学生の文章理解の発達――要点把握から応用問題解決への移行――　読書科学，**48**，39-49.

西垣 順子（2000）．児童期における文章の非一貫性の検出――包括的エラーと局所的エラーについて――　教育心理学研究，**48**，275-283.

杉村 健・久保 光雄（1975）．文字の読み学習に及ぼす弁別訓練の促進効果　教育心理学研究，**23**，213-219.

高橋 登（1993）．入門期の読み能力の熟達化過程　教育心理学研究，**41**，264-274.

高橋 登（1996）．就学前後の子どもたちの読解の能力の獲得過程について――縦断的研究による分析――　教育心理学研究，**44**，166-175.

Vellutino, F. R., Tunmer, W. E., Jaccard, J. J., & Chen, R. (2007). Components of reading ability: Multivariate evidence for a convergent skills model of reading development. *Scientific Studies of Reading*, **11**, 3-32.

Verhoeven, L., & van Leeuwe, J. (2008). Prediction of the development of reading comprehension: A longitudinal study. *Applied Cognitive Psychology*, **22**, 407-423.

（藤木大介）

第5章
学習習慣と学習方略

学びのポイント

・学習習慣とは何かを理解する
・学習習慣と学業成績の関係について学ぶ
・学習習慣をつくるためのポイントを理解する
・学習内容に適した学習方略を選ぶ
・学習内容をモニタリングする

キーワード☞基本的生活習慣，学習習慣，学習方略，メタ認知

本章では，学習習慣が学業成績によって重要であり，さらにどのような学習方略を用いるのかがより高度な学習にとって重要であることを説明します。

ある学習内容に対して，最も適した学習方略を用いて学習することが効率の良い学習につながるのです。そのような適切な学習方略を選ぶことができるためには，学習および自分の能力についての知識が必要です。これがメタ認知で，年齢が高くなるにつれて重要な役割を発揮するようになります。

1　学習習慣の土台となる基本的生活習慣

学校において勉強ができない子を一般に学業不振児と呼び，学業不振の原因は数多く考えられています。学習習慣ができていないことも大きな原因ですが，それよりも基本的生活習慣ができていないことがより重要な原因として影響していることを示す研究があります。

基本的生活習慣とは，睡眠，食事，排泄，清潔，衣服の着脱衣に関する習慣です。これらの習慣は幼児期前半に確立しておくことが望ましいといわれていますが，小学生になっても確立できていない子どもの多いことが知られています。佐野（1985）によれば，学業不振児には学習習慣が確立していない子どもよりも，基本的生活習慣が未確立の子どもの多いことが明らかにされています。このことは，基本的生活習慣の確立が学習習慣の前提になっていることを示しています。この調査では，学習習慣の前に基本的生活習慣が確立していることが必要であることを示唆していますが，なぜ，基本的生活習慣の確立が学校での学習にとって重要なのでしょうか。それは，基本的生活習慣が子どもの生活のリズムをつくるからです。毎朝，決まった時間に起きて，朝食をとり，学校へ登校することで学校での勉強の準備が整います。

豊田（2008）は，基本的生活習慣に関するいつくかの調査項目に対する回答

表 5-1　基本的生活習慣に関する調査項目と学業成績との関係（r）

調査項目	学年	小学校 1年	小学校 2年	小学校 3年	小学校 4年	小学校 5年	小学校 6年	中学校 1年	中学校 2年
朝ごはんを食べて登校しますか		**.37**	**.31**	**.30**	.15	.19	.20	.24	.28
朝，排便してから登校しますか		.13	.17	.08	−.06	−.05	.03	−.01	.02
テレビは一日にどれくらい見ますか		−.05	−.04	−.28	−.30	−.25	−.25	−.27	−.15
塾や習い事へ週に何日いっていますか		.21	.14	.14	.18	.25	.14	.28	.28

出典：豊田（2008）。

（例　「いつも」「ときどき」「たまに」「いいえ」）と，子どもたちの学校での学業成績との関係を調べています。回答を数値にして学業成績との相関係数を算出した結果が，表 5-1 に示されています。その絶対値が大きい項目が学業成績への影響が大きいということになります。太字で示した数値は注目してほしいものです。

「朝ごはんは食べて登校しますか」という調査質問に対して「いつも」と回答した子どもは小学 1 ～ 3 年生において学業成績が良いことがわかります。朝ごはんを食べることの意義が盛んに取り上げられた時期がありましたが，小学校の低学年の子どもにとっては朝ごはんをとることによって生活のリズムができ，それが学業成績に良い影響を及ぼしていることがわかります。

「朝，排便してから登校しますか」という調査項目に関しては，大きな数値は得られていません。しかし，豊田・檜垣（2001）では，排便の習慣がついている子どもは自分の身体的健康度についてより健康であると感じていることが示されています。排便の習慣も子どもの体調を良好に保つという意味で間接的に学業成績へ影響している可能性があります。実際に学校での排便習慣の指導をして子どもたちの身体面，学業面での効果が得られたという事例があります。大学生でも排便に限らず体調に関する習慣は学業面に影響する可能性が少なくありません。

「テレビは 1 日にどれくらいみますか」という調査項目に関しては，子どもたちの回答した時間を相対的に4段階に数値化しています。ここでは，どの学年でも負の相関係数が得られています。これは，テレビを長くみるほど，学業成績が悪くなるということです。テレビは生活のリズムを崩すという面もありますが，テレビを見ている時間がずっと画面の情報を受け身的に得ているだけで，頭があまり活動していない可能性もあります。勉強する時間がテレビをみる時間に代わってしまったわけです。

「塾や習い事へ週に何日いっていますか」という調査項目に関しても，子どもたちの回答を相対的に日数による4段階に数値化しています。この項目に関しては，どの学年においても正の相関係数が得られています。塾や習い事へ行く日数が多いほど，学業成績が高くなるようです。塾や習い事によって，学習する姿勢を習得することができることも考えられますし，塾では学校での学習に関して予習したり，復習したりする機能を含んでいることが考えられます。また，単純に学習に費やした時間は学業成績に反映されていると考えてもよいでしょう。

テレビや塾などは基本的生活習慣とは関係ないと思われるかもしれませんが，生活のリズムの形成に影響していることは確かであり，それが学業成績にも反映しているのです。

2　学習習慣が学業成績に及ぼす影響

学習習慣といっても，そこにはどのような行動が含まれているのでしょうか。そして，確かに学業成績に影響を与えているのでしょうか。

杉村・井上・豊田（1986）は，多くの資料から，学習習慣の構成要因とそれに対応する調査項目を作成し，これらの構成要因と学業成績の関係における学年（小学2，4，6年）による違いをまとめています。

（1）家庭における学習習慣

家庭における学習習慣の構成要因に対応する具体的な行動に関する調査項目が，表5-2に示されています。そして，項目への回答（「はい，いつも（2

表 5-3　学校における学習習慣と学業成績との関係

構成要因	学習習慣調査項目	学年 2年	学年 4年	学年 6年
登校意欲	学校へ行くのが楽しいですか。		*	*
	休みの日よりも学校のある日の方が楽しいですか。	*	*	
	少しくらい体の調子が悪くても，学校へ行きたいと思いますか。			
	学校で友達と遊ぶのが楽しいですか。			
	朝起きて，学校へ行きたくないと思うことがありますか（逆）。	*	*	*
授業の受け方	チャイムが鳴ったら，すぐに席に着きますか。			
	チャイムが鳴ったら，すぐに勉強の用意をしますか。			*
	授業中，先生の話をよく聞いていますか。		*	*
	授業中，先生の質問に自分から進んで答えますか。		*	
	授業中，自分から進んで意見を言いますか。			
	授業中，わからないところがあったら質問しますか。	*		
	授業中，ぼんやりしていることがありますか（逆）。			
	授業中，よそ見をすることがありますか（逆）。	*		
	授業中，落書きをすることがありますか（逆）。	*		
	授業中，おしゃべりをすることがありますか（逆）			
ノートの取り方	先生が黒板に書いたことを，ノートに書きますか。		*	
	先生に言われなくても，ノートに書きますか。			
	ノートはきちんと，ていねいに書いていますか。			*
	勉強したことをノートにまとめて書いていますか。			*
	ノートの書き方を工夫していますか。			
テストの受け方	テストの前に，計画を立てて勉強していますか。			
	テストのとき，問題をよく読みますか。			
	テストのとき，わかる問題からしますか。	*		
	テストの答えを書き終わったら，見直しますか。		*	*
	テストを返してもらったとき，間違ったところをやり直しますか。			*

出典：杉村ほか（1986）。

容を復習することができ，その結果，記憶の定着につながります。どのような宿題に取り組むかということは，学習内容の定着にとって重要な意味をもつといえるでしょう。中学生における調査結果は，小学生に比べていずれの項目でも比較的高い相関係数が得られています。学年が上がるにつれて，学習習慣と学業成績の関係が強くなっていることがうかがえます。

表 5-4　学習習慣に関する調査項目と学業成績（*r*）

	小学校						中学校	
調査項目　　学年	1年	2年	3年	4年	5年	6年	1年	2年
テストでできなかった問題を，もう一度やってみますか。	−.14	.02	.08	−.05	.17	.12	**.31**	**.30**
わからないところは，分かるまで勉強しますか。	.04	.19	.14	**.33**	**.26**	.27	**.38**	**.44**
テストの答えを書き終わったとき，見直しますか。	.07	.20	**.28**	.05	**.29**	.15	**.26**	**.29**
家の人に言われなくても，自分から進んで勉強しますか。	.10	.16	.12	.12	.13	.19	.19	**.31**
大切なところは，忘れないように覚えようとしていますか。	.16	.10	.20	.22	.17	.20	**.27**	**.36**
宿題は忘れずにやっていますか。	.24	**.34**	**.39**	**.36**	**.27**	**.39**	.12	.09

出典：豊田（2008）。

（3）学習習慣の指導は，有効か

では，中学生に学習習慣の指導をすることの効果はあるのでしょうか。

豊田（2007）では，中学生に2年間にわたって学習習慣に関する調査項目を実施して，学業成績との関連を調べています。その結果，表5-4に示した6項目に対する回答を合計した学習習慣の得点は，学業成績を反映した得点との間に高い相関（1年目は.46，2年目は.47）が得られました。そして，1年目から2年目の学習習得の得点の差（2年目の学習習慣得点－1年目の学習習慣得点）が大きい生徒（＋10点以上；学習習慣が向上した生徒）及びほぼ変化しない生徒（＋9～－9；学習習慣を維持した生徒）は，低下した生徒（－10以下；学習習慣が低下した生徒）よりも2年目の学業成績が高かったのです。この結果は，学習習慣を向上もしくは維持することが学業成績へ貢献することを示唆しています。なお，学習習慣に関する調査はこの6項目だけではなく，実際には50項目以上を行っています。しかし，この6項目についてのみの差の得点は，全項目の差の得点との相関が.70という高いものでした。ということは，表5-4に示されている6項目に対応する指導を行うことで，6項目以外の学習習慣の改善につながる可能性のあることを示唆したのです。これらの6項目を掲示板に張り出して生徒の目標とした教員もいます。その教員から話を聞くと，生徒たちは，この６項目について「当たり前のことやん」と言っていたそうです。確かに当たり前のことですが，それを生徒に意識づけることができたことは指導の教員の大きな成果であったといえるでしょう。また，豊田・川﨑（2000）は，中学生において学年による学業成績への影響の違いを検討しています。その結果，中学１及び２年生では，ノートの習慣が学業成績に影響するのに対して，中学３年生ではノートの習慣だけでなく，学習計画と実行という習慣が影響するようになってきます。これは，中学生にとってノートの習慣によって学習を定着させることの重要性を前提として，受験を控えた３年生には自発的な学習計画の実行が求められることを示しています。学年によって，指導の目標となる学習習慣は異なってくるということです。

さらに，年齢が上がって専門学校の学生に関しても調査が行われています。豊田（1989）では，保育士養成専門学校の学生における学習習慣に関する調査項目の回答と学生が参加した教育実習の評価点との相関を調べています。その結果，学習習慣の総合得点と教育実習の評価点との間には.34という相関係数（r）を得ています。また，教育実習の成績が上位の学生と下位の学生を比較すると，上位の学生が自宅での学習の仕方，講義の受け方及び実習前の習慣の得点が下位の学生よりも高いことが明らかになっています。この結果は，教育実習のような柔軟性を要求されるような場面であっても，その準備をするための学習習慣の重要性を示唆しています。このように，小学校の低学年から専門学校の学生まで，どの学年でも学習習慣と学業成績との関係は明らかであり，学年が上昇するにつれて，学習習慣と学業成績との関係は強くなっています。

3　学習習慣は，どのように形成するのか

学習習慣を形成するには，どのような方法が一般的なのでしょうか。読者のみなさんは，パブロフの古典的条件づけはよく知っているでしょう。知らない人は，条件反射の実験を思い出してください。パブロフは，イヌの唾液分泌の実験をしていましたが，その際に，餌を与える直前にある一定の音を鳴らすと，

その音を聞いただけでイヌが唾液を分泌するということを見いだしました。餌に対して唾液が生じるのは，そのイヌがもって生まれた反応です。しかし，音に対して唾液を分泌するというのは，あらかじめイヌが生まれもっている性質ではありません。これは，音が鳴った直後に餌が与えられるという経験によって，音と唾液分泌という反応の間に新しい連合ができたのです。この連合を古典的条件づけでは学習と考えています。

この原理と同じように，児童生徒が勉強机に向かった時，必ず勉強をするという行動を継続したとしましょう。そうすると，勉強机と勉強するという行動の間に新しい連合ができると考えられるのです。そのために，勉強机に向かうと，勉強するという行動が自然に生じてくるということになります。学習習慣を形成するためには，勉強机に向かい，そこで勉強するという行動を継続しなければなりません。同じ勉強をするという行動を反復することによって，勉強机という刺激に条件づけられた勉強するという行動が喚起されるのです。このように一定の刺激（この場合は勉強机）に対して，自然とある一定の行動（この場合は，勉強するという行動）が生じることが習慣を形成するための基礎となります。したがって，学習習慣に限らず，一定の習慣を身につけるためには，ある特定の刺激に対して，ある一定の行動を繰り返す必要があるのです。大学生のみなさんは，勉強机で勉強するという行動以外の行動をしてないでしょうか？　勉強に関係しない雑誌を読んだり，スマホでラインをしていないでしょうか。もし，そのような行動をしているのであれば，勉強机という刺激に対して，勉強するという行動以外の行動（この場合は，雑誌を読む，スマホでラインをする）が連合してしまいます。その結果，勉強机に向かっても，勉強するという行動が生じにくくなってしまうのです。

小学生の頃，学校から帰宅すると，みなさんはどのような行動をとっていましたか？　おやつ等を食べて，好きなゲームをしたりしていましたか。それとも，すぐに学校からの宿題を済ませていましたか？　学習習慣の習得にとって，行動の順序はとても大切です。人間は自分にとって心地よい感情を喚起するものによってその直前の行動が生じやすくなります。例えば，ケーキやお菓子が好きな人がいるでしょう。その人たちは，ケーキを食べるという行動の後に，甘くて美味しい心地よい感情をもちます。その結果，その心地よい感情の直前の行動が生じやすくなり，ケーキを食べる回数が多くなってくるということです。学習心理学では，ある行動を生じやすくする，あるいは出現頻度を多くするものを強化もしくは強化子と呼びます。上記の例の場合は，お菓子が強化子となるわけです。

学習習慣に当てはめて考えてみると，

行動	強化	
宿題をする	おやつを食べる	◎
おやつを食べる	宿題をする	×

宿題をしてからおやつを食べると，おやつは美味しいという心地よい感情が喚起されますので，その直前の行動である宿題をするという行動がおやつという強化によって生じやすくなります。反対に，おやつを食べてから宿題をする場合はどうでしょうか？　おやつの前ではなくて，後に宿題をするという学習習慣にとって重要な行動がくるので，宿題をするという行動が生じやすくなりません。ですから，学習習慣を習得するには，学習習慣にとって大切な行動の後に，本人にとって心地よい感情をもたらすものをもってくることが大切です。簡単に言えば，先に勉強してから，最後に自分の好きなことをすれば，その自分の好きなことが強化子として働いて，その前にしていた行動をより生じやすいものにしてくれるということです。要するに，学習習慣を確立するには，行動の順序に気をつけましょうということです。

4　学習習慣から学習方略へ

(1) 学習方略の重要性

ドューマリィーとフェロー（DeMarie & Ferron, 2003）では，子どもの記憶成績に影響する要因について検討しています。そこで明らかになったことは，どのような記憶方略を使うかが最も記憶成績に影響するというのです。記憶方略とは，わかりやすく言えば，どのように憶えるか，憶えるためにどのような方法を用いるかということです。学校での学習においても同じように，どのように学習（記憶）していくかという学習方略が重要であるといえるでしょう。豊田・森本（2000, 2001）では，学業成績の上位の子どもたちは，下位の子どもたちと比較して，学習方略のバリエーションの大きいことが明らかになっています。自分に合った良い学習方法を学習内容に応じて使用すれば，効果的な学習が進んでいくというわけです。

では，効果的な学習方略とはどのような方法があるのでしょうか。

① 復習するタイミングを考える

最も効果があるのが学習内容を繰り返し学習するという方法です。いわゆる反復学習ということで，これは誰でもわかっていると思われます。しかし，繰り返すことは軽視されがちです。学習できていると思っても，忘れてしまっていることは経験したことがあるでしょう。ですから，復習することは大切です。ではどのようなタイミングで復習すれば良いのでしょうか。

記憶の現象として，分散効果という現象があります。ある学習内容を同じ回数ずつ繰り返し提示した場合，その内容を思い出す確率を調べてみました。その結果，ある学習内容を間隔を置かずに連続して提示する場合（これを集中提示と呼びます）よりも，反復される間隔をおいて（他の学習内容を挟んで）提示された場合（これを分散提示と呼びます）の方が学習内容を憶えている可能性の高いことが明らかになっています。この分散効果という現象はとても強固なもので，いろいろな学習内容でその効果が証明されています。水野（2003）は，分散効果を以下のように説明しています。最初に学習した際にその学習内容の活性化水準は高まりますが，時間の経過とともにその活性化水準は低下していきます。しかし，再度その学習内容が提示されるとその学習内容の活性化水準は再度増加します。この増加量を再活性化量としました。そして，この再活性化量が学習成績に反映されると考えたのです。集中提示の場合は学習内容が連続的に提示されるので，学習内容の活性化水準は低下しません。そのために再活性化量はほとんどありません。しかし，分散提示の場合は，提示間隔が空くことによって活性化水準が低下した後に，同じ学習内容が提示されるので，再活性化量が大きくなるのです。この再活性化量と学習成績との関係は明確になっています。ただし，この再活性化量は私たちの感覚としては捉えられないものです。ですから，あえてわかりやすくいうと，忘れかけた時に，復習するとその学習内容はとても記憶に残るということです。

とはいっても，人によって忘れる時間は異なります。そこで，自分はどのくらいの時間がたてば忘れてしまうのかという，自分の記憶や学習能力に対する意識が必要です。そして，最も良い自分にとっての復習のタイミングを見つけてほしいものです。人間は忘れるのが当たり前ですから，忘れる前に学習内容をもう一度学習するという，この素朴な原則をまず大切にしましょう。

② 自分で学習内容を説明する

自分で学習した内容を自分に説明してみると，意外に自分がよく理解できていなかったと感じることがあります。大学のゼミでのプレゼンなどの前日にリハーサルしてみると，どのように説明したら良いかがわからなくなる時があります。このように自分で学習内容を自分に説明をしてみると理解の不十分さが認識され，その結果，より学習内容の理解が深まります。これに似た現象は佐藤（2018）によれば，自己説明効果と呼ばれています。研究によって手続きの違いはありますが，例えば，チーら（Chi et al, 1994）では，中学生を対象にして，文章で提示された学習内容を自己説明（新しく学習した内容はなにか，以前の学習内容との関係などを口頭で説明）をする条件の生徒の成績が，提示された学習内容を反復して読むだけの条件の生徒の成績よりも良かったのです。そして，効果的であった自己説明は，提示された文章には書いていなかった内容を自分で理解しやすいように追加しているものでした。要するに自分がわかりやすい言葉で理解できるように自己説明することが効果的というわけです。自己説明しようとすると，自然と理解が深くなっていくのです。

③ 友人に説明する

自分に説明するのでは，今一つ真剣にならないという人がいるかもしれません。では，友達に説明してみるのはどうでしょうか。佐藤（2018）は，自分以外の人に説明することによる学習促進の効果を教え手学習効果として紹介しています。そして，この効果の代表的な研究として，伊藤・垣花（2009）を取り上げています。彼らの研究では，大学生に対して，文章で提示された内容を他者に直接対面で説明する条件，ビデオカメラに向かって説明する条件および提示された文章を要約するという3つの条件を比較しています。その結果，他者に対面で説明する条件が最も学習成績が良かったのです。他者（被説明者）との説明のやりとりで重要なことは，他者がわかりにくいという意志表示をした場合に，それを補う説明を説明者が加えることで，被説明者だけでなく，説明者自身もその内容の理解が深まるということです。自己説明にしろ，他者説明にしろ，自分の理解した内容をアウトプットすることは，より深い理解につながる方法といえるでしょう。近年，学校教育においてはアクティブ・ラーニングという言葉が盛んに使われています。学習者の積極的な学習への取り組みはもちろん大切ですが，学習者がアウトプットすることによる学習や理解の促進効果は重要な機能であるといえるでしょう。

④ テストを想像する

大学での学習の多くが，定期テストのための勉強という意味あいが大きいでしょう。したがって，テストで良い点数をとれないと良い学習とはいえません。それゆえ，テストを想像して学習することは大切です。例えば，テストが記述式テストであるか，穴埋め問題形式であるかというようなチェックは大学生ではおこたりなくしているでしょう。ただし，それだけの意味ではなく，テストを想定して，何度も学習内容を思い出すことは，学習内容を持続させるのに効果的であるということが示されています。佐藤（2018）は，Roediger & Karpicke（2006）の研究を紹介しています。この研究では，学習内容が文章で提示され，それをどの大学生も読んで学習するのですが，その後，ある学生は同じ内容の文章をさらに3回読むことを求められます。それとは対称的に，ある学生は読むことはしないで，読んだ内容を思い返して書くことを3回求められました。その結果，5分後のテストではもちろん3回読んだ学生の成績が良かったのですが，1週間後のテストでは最初に読んだだけで後に3回思い返すことをした学生の方が良い成績になりました。人間は記憶していても検索できないことがあります。喉まででかかっている状態（Tip of Tongue；TOT 現象）

がその典型的な例です。学習内容を思い返すことによって，より理解が深まり，テストを想定した思い出す練習をしていることになるようです。

⑤ 学習の計画を立てる

学習習慣が習得できて，適切な学習方略を用いて学習を進めていくことができれば，一応は問題ないでしょう。しかし，学習内容が高度になっていく大学では，それまでの中学校や高校のよりも複雑な学習計画が求められます。

例えば，ある授業でレポート課題がでたような場合です。その場合には，みなさんはどのような学習計画（レポートの作成計画）を立てるでしょうか。

具体的な例の方がわかりやすいので，例えば「効果的な記憶方法には，どのような方法があるか」というような課題が出たと考えましょう。

まず，みなさんが考えることは，提出期限はいつなのかということです。

期限によって計画が異なってきます。次に，どのようにレポートに関する資料を集めるのかということです。研究資料の検索サイトから情報を集めるのか，図書館で書籍を借りるのか等です。ネットで調べる場合には，検索ワードは何にするのか，記憶方法なのか，専門用語である記憶方略で検索する方が良いのか。検索された研究資料をみて，それが記憶方法として効果的であるという根拠が明確であるのか。効果的な方法がいくつくらいあるのか。

記憶する内容によって，効果的な記憶方法は異なるのではないか。

効果的記憶方法は，個人によって違っているのはないか。

個人の性格や認知能力，例えば，イメージ能力の低い人は図などを用いても効果的ではないでしょう。

このように，あるレポート課題をこなすために，私たちが考えなければならない事項はとても多いことがわかります。このような多くの事項を考慮し，適切な学習計画を立てることが必要になります。このように，ある課題に対して，どの課題を遂行するためにどのようにすれば良いかという計画を立てる認知的なシステムをメタ認知と呼んでいます。認知活動に関する知識を背景にして，認知活動（例えば，学習，記憶，思考など）をコントロールする働きといえるでしょう。先に紹介したドューマリィーとフェロー（De Marie & Ferron, 2003）

でも，年齢が高くなるとメタ認知（記憶活動に関してはメタ記憶と呼びます）が記憶成績に影響することが指摘されています。この研究以外にもメタ認知の重要性を指摘した研究は多く発表されています。有名な研究として，スワンソン（Swanson, 1990）があります。そこでは，小学生を対象にして，メタ認知の高低と認知能力の高低の組合せによる4つのグループにわけて，推論などの問題解決における成績を比較しています。その結果，メタ認知が高く，認知能力の低いグループの子どもたちは，メタ認知が低く，認知能力の高いグループの子どもたちよりも問題解決における成績が良かったのです。メタ認知の高い子どもたちは，問題解決のための仮説をつくり，それが妥当なものかどうかをモニタリングする傾向があったと報告されています。したがって，問題解決につながる方略の選択や方略のモニタリングによって，十分認知能力を補うことができるのです。

問題解決では，提示された問題の内容が十分に理解できているかどうかをモニターできることが重要です。これを理解モニタリングと呼びますが，マークマン（Markman, 1977）は，小学生に，「ゲーム」と「手品」の手続きを説明するのですが，わざと重要な部分を抜かして説明し，それに児童が気づくかどうかを調べています。小学1年生は自分が理解できていないことに気づかず，説明された通りに実際に実演してみて，はじめて理解できていないことに気がつく子どもが多くいました。しかし，小学3年生では，はじめから自分が受けた説明が不十分であり，自分が理解できていないことを認識している子どもが多かったのです。

このように，問題解決においてもメタ認知の役割は重要であり，さらに，他の認知活動においても，メタ認知の重要性は明らかにされています。従来の教育においては，一般的な認知能力の向上を目標としてきましたが，これからの教育においてはメタ認知の向上を目標とする必要があるでしょう。文部科学省が近年その育成を重視しているのが，「生きる力」です。それは，要するに，幅広い知識をもち，幅広い視点から問題解決にあたる力ということです。この能力を育成するのには，自分が理解できているか否か（学習の程度）を意識（モニター）することが重要であるといえるでしょう。

まとめ

① 学習をうまく進めるためには，基本的生活習慣をつくることが重要です。この習慣ができて学習のための生活におけるリズムができます。

② 次に，学習活動を継続するという学習習慣が重要です。この習慣ができているか否かによって，学業成績は大きく左右されます。

③ 最後は，自分に合った学習方法，いわゆる学習方略を見つけていくのです。自分の個性に合った学習方略の習得が生涯学習の成功を決めるのです。

引用文献

Chi, M. T. H., de Leeuw, N., Chiu, M-H., & LaVancher, C. (1994). Eliciting self-explanations improves understanding. *Cognitive Science*, **18**, 439-477.

DeMarie, D., & Ferron, J. (2003). Capacity, strategies, and metamemory: Test of a three-factor model of memory development. *Journal of Experimental Child Psychology*, **84**, 167-193.

伊藤 貴昭・垣花 真一郎 (2009). 説明はなぜ話者自身の理解を促すか——聞き手の有無が与える影響—— 教育心理学研究, **57**, 86-98.

Markman, E. M. (1977). Realizing that you don't understand: A preliminary investigation. *Child Development*, **48**, 986-992.

水野 りか (2003). 学習効果の認知心理学 ナカニシヤ出版

Roediger, H. L. III., & Karpicke, J. D. (2006). Test-enhanced learning: Taking memory tests improves long-term retention. *Psychological Science*, **17**, 249-255.

佐野良五郎 (1985). 学習習慣と生活習慣 教育心理, **33**(9), 22-25.

佐藤 浩一 (2018). 第7章 学習指導と学習心理学 中條 和光 (編), 太田 信夫 (監修) 学習心理学 (pp. 113-127) 北大路書房

杉村 健・井上 登世子・豊田 弘司 (1986). 小学生における学習習慣と学業成績の関係 奈良教育大学教育研究所紀要, **22**, 43-57.

Swanson, H. L. (1990). Influence of metacognitive knowledge and aptitude on problem solving. *Journal of Educational Psychology*, **82**, 306-314.

豊田 弘司 (1989). 保育実習生における学習習慣 保母養成研究年報, **6**, 68-77.

豊田 弘司 (2007). 中学生における学習習慣と学業成績の関係に関する実証的研究 奈良教育大学教育実践総合センター研究紀要, **16**, 1-5.

豊田 弘司（2008）．学業成績の規定要因における発達的変化　奈良教育大学教育実践総合センター研究紀要，**17**，15-21．

豊田 弘司・檜垣 志帆（2001）．子どもの生活習慣と健康の関係　奈良教育大学教育実践総合センター研究紀要，**10**，7-11．

豊田 弘司・川﨑 圭三（2000）．中学生における学習習慣尺度の開発　奈良教育大学紀要，**49**，149-156．

豊田 弘司・森本 里香（2000）．子どもの自己生成された学習方略　奈良教育大学教育実践研究指導センター研究紀要，**9**，31-38．

豊田 弘司・森本 里香（2001）．子どもにおける学習方略と学業成績の関係　奈良教育大学教育実践総合センター研究紀要，**10**，1-5．

豊田 弘司・李 玉然・山本 晃輔（2011）．日本と中国の子どもにおける学習習慣と情動知能に関する比較研究　奈良教育大学教育実践総合センター研究紀要，**20**，13-18．

豊田 弘司・徐 四明・米谷 光弘（2001）．日本と中国の子どもにおける学習習慣に関する比較研究　西南学院大学児童教育学論集，**27**，117-132．

（豊田弘司）

第6章
学習動機づけ

学びのポイント

・人の無気力を説明する概念として，無気力が学習されたものという見方である学習性無力感や，原因帰属理論という考え方が参考になります。
・達成目標理論では，何を目指して学ぶかによって動機づけや学業成績が異なることが示されています。
・自己決定理論によると，自律的な動機づけで活動に取り組むことが精神的健康やパフォーマンスにつながることが示されています。
・期待・価値理論では，期待と価値の2側面から動機づけを説明します。
・教師期待効果によると，教師が子どもに対して抱く期待の高さは子どもたちへ伝達し，子どもの行動や態度に影響するとされています。

キーワード☞学習性無力感，原因帰属理論，達成目標理論，内発的／外発的動機づけ，自己決定理論，期待・価値理論，自己効力感，課題価値，教師期待効果

中学１年生のＡ君は，小学生の頃は勉強で大きくつまずくこともなく，楽しく学校生活を送っていました。しかし，中学校に進学してから，勉強面で苦戦するようになってきました。

理由としては，小学生の頃に比べて学習内容の抽象度や難易度が上がり，授業についていくのが難しくなってしまったことが挙げられます。小学生のときのような「わかるようになって楽しい！　嬉しい！」という気持ちも湧かず，「何のためにこんなことを勉強するのだろう」と学習の意義もわからないまま，Ａ君は授業時間をぼんやりと過ごしています。また，小テストや定期試験の後も，友だちと点数を比べては周りの友人よりも自分の点数が低いことに落ち込んでしまいます。そのようなことが重なるうちに，最近は「どうせ自分は頭が悪いから勉強しても無駄」と勉強での成功を半ば諦めてしまっています。そして，十分に勉強せずに試験を受け，また悪い点数を取るという悪循環に陥っているようです。

自信をなくしたＡ君にとって，学校生活の大部分を占める授業時間は長く辛いものとなり，学校が楽しいと思えなくなってしまいました。

上記は，勉強に対して意欲を失ってしまった架空のＡ君の事例です。Ａ君の勉強への意欲の低さを理解し，支援するために，教師はどのような働きかけができるでしょうか。本を一度置いて，まずは考えてみましょう。

教壇に立つ教師で，子どもたちの意欲についての問題で悩んだことのない人はいないと思います。このような「意欲」や「やる気」の問題について，心理学では動機づけ（motivation）という概念を用いて研究が積み重ねられてきました。動機づけとは，「行動が起こり，活性化され，維持され，方向づけられ，終結する現象」と定義されます（鹿毛，2013)。「好きこそものの上手なれ」，「馬を水辺につれていくことはできても水を飲ませることはできない」などの言葉があるように，教師が子どもたちの学習を効果的に支援するためには，子どもたちの動機づけの問題を無視できません。本章では，学習への動機づけに焦点を当て，いくつかの代表的な理論や概念をみていきましょう。

1　どうせやっても無駄――無気力への視点

(1) 学習される無気力

「勉強してもどうせ無駄。自分にはできない」。勉強が苦手な子どもたちの中には，このように学習意欲が低く，行動しようとするエネルギーを持つことのできない子どもがいます。なぜ，子どもたちはときにこのような無気力状態に陥ってしまうのでしょうか。

このような無気力の問題を考えるうえで，セリグマン（Seligman, M. E. P.）らの有名な実験（Seligman & Maier, 1967）が参考になります。この実験では，自力で逃れることができない状況で電気ショックを与え続けられた犬が，その後電気ショックから逃げることができるような状況になっても積極的に逃げようとはせず，与えられる電気ショックを受け続けることを明らかにしました。この結果についてセリグマンは，犬が自力では電気ショックから逃れられないという先行経験を重ねたことで，「どうせ行動しても無駄だ」ということを学習し，その結果，自力で電気ショックから逃げられる状況に変わったにもかかわらず，無気力になったのだと考えました。このような考え方は，学習性無力感（learned helplessness）と呼ばれます。

学習性無力感の考え方を踏まえると，「努力をしても望む結果に結びつかなかった」という非随伴性の認知を通して，私たちは無気力を学習するのだという見方ができます。学習場面で無気力状態に陥ってしまっている生徒を目にして，教師としては「やればできるはずなのに，なぜ勉強しないのか」という疑問をもつことがあるかもしれません。このとき，「やればできる」というのはあくまで教師の側の認知である点に注意が必要です。子どもの視点に立てば，過去にその子なりの努力をしたにもかかわらず報われなかったという経験を積んでいる可能性が考えられるためです。

（2）原因帰属理論

試験で予想外に悪い点数を取ってしまった状況を想像してみましょう。私たちは，「なぜこんな結果になってしまったのか」と，きっとその出来事の原因を考えるでしょう。自分の勉強が足りなかったのか，それとも問題が難しかったのか…。このように，人が自分を取り巻く環境で起きる出来事の原因を推測していく過程を**原因帰属**（causal attribution）と呼びます。そして，私たちが自身の失敗や成功の原因をどのように帰属するかによって，その後に喚起される感情や動機づけに影響することが明らかになっています（Graham, 2020）。

原因帰属の枠組みとしては様々な考え方が提案されていますが，ここでは，ワイナー（Weiner, B.）が提案したシンプルなモデルを紹介します。ワイナーは，達成場面における成功・失敗の帰属先について，**原因の安定性**（安定－不安定）と**原因の所在**（内的－外的）の２軸の組み合わせから，４つの要因に整理しました（表6-1）。このモデルでは，個人の内的な要因であり，かつ比較的変化の少ない安定している要因として，「能力」が想定されています（例：頭が良いから成功した）。また，内的な要因であっても，その時々で変わる不安定な要因として，「努力」が挙げられています。さらに，個人にとって外的な要因であり，かつ安定している要因として「課題の困難さ」が想定されており，外的な要因でも不安定な要因としては「運」が挙げられています。

それでは，本項の冒頭に書いたような，試験で予想外に悪い点数を取ってし

表 6-1　ワイナーの原因帰属

	安定	不安定
内的	能力 頭が良い／悪いから	努力 努力した／しなかったから
外的	課題の困難さ 課題が簡単だった／難しかったから	運 運が良かった／悪かったから

出典：Weiner et al.（1971）を参考に作成。

まった状況を改めて想定してみましょう。このような失敗の原因を，例えば「能力」に帰属した場合，自分が原因で失敗した（内的帰属）ことから恥を感じ，さらに「能力」は時間的に安定している要因であることから，「次も同じように悪い点数を取るだろう」と低い期待につながると考えられます。その結果，「もう勉強するのをやめた」と無気力状態へとつながりやすいとされます。一方，同じ失敗であっても，「努力」に帰属した場合はどうでしょうか。「努力」は自分の内的な要因であり，なおかつ変動的な要因です。そのため，恥や後悔を感じたとしても，それをバネに「次こそは頑張るぞ」と奮起することにつながると考えられます。このように，出来事としては同じ（例：試験での失敗）であったとしても，その出来事の原因を何に帰属するのかによって，私たちの動機づけは大きく変わる可能性があるのです。

（3）無気力への予防・対応

無気力への予防や対応としては，どのような支援が考えられるでしょうか。ブロフィ（2011）は，無気力に陥ってしまった子どもたちの動機づけを回復させるための工夫について豊富に紹介しています。その中でも，ここでは帰属の再訓練と効力感の訓練に焦点を当てて説明します。

まず，**帰属の再訓練**では，学習者の失敗を今後改善できる原因（知識や努力の不足，あるいは不適切な課題への取り組み方）に帰属させることで，努力の継続を促します。勉強に苦手意識をもつ子どもたちの中には，失敗の原因をつい能力に帰属しがちな子どもがいます。自身が失敗に至った過程を丁寧に辿り，課題のどこでつまずいたのか，どうしたらより良い結果が得られたのかを子どもとともに確認することを通して，そのような帰属の傾向性を変容させる必要があるでしょう。また，その際に「努力が足りなかったから」などのように，単に努力の量的な側面に帰属するだけでは不十分かもしれません。無気力状態の子どもは，適切な課題の進め方や取り組み方がわかっていなかったり，誤解していたりする可能性があります。したがって，努力や勉強の仕方（すなわち，**学習方略**）も視野に入れて支援することが重要だと考えられます（中谷ほか，2021）。

次に，**効力感の訓練**では，自身が努力したことによって上達した点を学習者に正しく認識させ，努力を通して目標を達成することができるという自信を高めます。ここでは，子どもたちに適した難易度の課題を精査し，課題をスモールステップに分けて段階的に達成経験を積ませることも有効だと考えられます。また，子どもが努力した点や実際に上達した点については積極的に褒め，成功の原因を努力に帰属させることも重要でしょう（参考に，波多野・稲垣，2020）。

2　成長を目指して学ぶ──達成目標理論とマインドセット

（1）達成目標理論

私たちは，達成したい目標を立てることで，その実現に向けて意欲的になることがあります。このように，目標は人の動機づけを考えるうえで重要な概念と言えます。特に，**達成目標理論**（achievement goal theory）は，近年の代表的な動機づけ理論の１つです（中谷，2012）。

初期の達成目標理論では，課題への目標を２つに大別しました。１つは，**熟達目標**です。熟達目標とは，学習課題に対する深い理解や，スキルの修得を通じて自身の能力の向上を目指すような個人内・絶対的な基準の目標です。例えば，「英単語や英文法を幅広く身につけて，英語でコミュニケーションできる力を伸ばしたい」といった目標があてはまります。もう１つは，**遂行目標**です。遂行目標とは，相対的な基準による成績や評価を重視した目標です。例えば，「他者より良い成績を取って褒められたい」などの目標があてはまります。これら２つの目標について，熟達目標は課題への取り組みや成績などと正の関連

表6-2　2×2の達成目標モデル

	基準	
	絶対的／個人内	相対的
接近	熟達接近目標 （例：わかるようになりたいから）	遂行接近目標 （例：良い成績がとりたいから）
回避	熟達回避目標 （例：習得できないのが嫌だから）	遂行回避目標 （例：無能だと思われたくないから）

を示す一方，遂行目標はそれらと無関連，もしくは負の関連が示されました。

その後，Elliot & McGregor（2001）は，従来の熟達－遂行という目標の次元に加えて，課題に対して接近的（課題達成に向かう，あるいは望ましい評価獲得を志向する）か回避的（達成を避ける，あるいは低い評価や比較からの回避を志向する）かという接近－回避の次元を組み合わせて目標を４つのタイプに分類することを提案しました（表6-2）。これらのうち，**熟達接近目標**は興味や学業成績の高さに結びつく一方で，**遂行回避目標**は無力感や成績の低さにつながることが先行研究では示されています。また，**遂行接近目標**については，成績を高めるなどのポジティブな機能を報告した研究もみられる一方で，学習過程の取り組みの深さという点ではネガティブな影響が指摘されることもあります。**熟達回避目標**は，現実の子どもたちの学習場面では当てはまりがよくないなどの問題もあり，他の３つに比べると研究知見が少ないのですが，学業成績とは遂行回避目標と同様に負の関連が報告されています。以上のような知見から，学習場面においては，成長や物事への深い理解を志向する熟達接近目標が最も適応的な目標とされていますが，達成目標の分類の仕方については現在も議論が続いています（参考に，上淵，2019）。

（2）マインドセット

個人がどのような達成目標をもつかは，**マインドセット**によって影響を受けるとされます。マインドセットとは，自身の能力に対する信念を指す概念であり，**増大的マインドセット**と**固定的マインドセット**の２つに分けられます。増大的マインドセットは，人間の基本的資質は努力次第で伸ばすことができるという信念を指します。もう片方の固定的マインドセットとは，人間の能力や資質（才能）は生まれつきのものであり，固定的で変わらないという信念を指します。さて，皆さんはどちらのマインドセットの傾向が強いでしょうか。

マインドセットと達成目標との関連については，増大的マインドセットは熟達目標へ，固定的マインドセットは遂行目標へとつながりやすいことが想定されています。増大的マインドセットをもつ子どもは，努力によって自身の能力を伸ばすことができると理解しており，学業達成を通して自身の能力の向上や自己成長を志向しますが，固定的マインドセットをもつ子どもは，学習しても自身の能力自体は変わらないと考えます。そのため，自分がすでにもつ能力の高さを他者に対して誇示したり，能力の低さが他者に露呈しないようにするといった形の目標をもちやすいと考えられます。

増大的マインドセットを形成することは，教育実践上の重要な課題といえます（ドウェック，2016)。そのために，まずは親や教師自身が増大的マインドセットをもち，能力は努力によって可変であるというメッセージを子どもたちに日頃から伝えることの重要性が示唆されています（Dweck and Yeager, 2020)。

（3）達成目標構造

子どもたちの熟達接近目標を促すために，**達成目標構造**も参考になります。達成目標構造とは，達成目標を学習者に認知させている学級の特性（学級風土）を指します。教室において，何に価値が置かれて目標とされ，そしてどのように評価されているのかといった観点から達成目標構造を整理したものが表6-3です。試験の得点などの結果のみでなく，取り組みの過程における努力や個人内での成長を重視することで，生徒の熟達接近目標の促進につながることが示されています。

3　自分の行動は自分で決めたい――自己決定理論

（1）内発的動機づけと外発的動機づけ

皆さんは，「なぜ勉強しているのか」と聞かれたら何と答えるでしょうか。

表 6-3　クラスの雰囲気と達成目標

雰囲気の次元	熟達目標	構造遂行目標構造
何が成功とみなされるか	改善，上達	良い成績，高い順位
何に価値が置かれているか	努力・学習	他者よりも高い能力
満足する理由は何か	熱心な取り組み，挑戦	他者よりも優れた結果を出す
教師は何を志向しているか	どのように生徒が学習しているか	どのような成果を生徒が示すか
誤りや失敗はどう捉えられているのか	学習の一部	不安を喚起させるもの
何に関心が向けられているのか	学習のプロセス	他者と比較した場合の自分の成績
努力する理由は何か	新しいことを学ぶため	他者よりも良い成績や優れた結果を示すため
評価の基準はどこにあるのか	絶対的基準，上達	相対的基準

出典：Ames & Archer（1988），鹿毛（2013）を参考に作成。

「周りから勉強しなさいと言われるから」という理由もあれば，「学ぶことが楽しいから」という理由もありうるでしょう。こうした活動に取り組む理由について，「手段－目的」という枠組みから動機づけを分類した考え方として，外発的動機づけと内発的動機づけという概念があります。

外発的動機づけとは，「志望校合格のために必要だから数学を勉強する」といったように，ある目的を達成するための「手段」として活動が位置づいているときの動機づけです。このような外発的動機づけは，いわゆる「アメとムチ」に基づく動機づけと考えたらわかりやすいと思います。外発的動機づけに基づく行動の目標としては，賞（アメ）の獲得あるいは罰（ムチ）の回避が目指されているのです。一方の**内発的動機づけ**は，活動そのものが目的となっているときの動機づけを指します。例えば，ゲームに夢中になっている子どもたちの多くは，ご褒美を得るためにゲームをしているわけでもなければ叱られないためにゲームをしているわけでもないでしょう。つまり，内発的動機づけは，活動そのものに対する興味・関心に基づく動機づけといえます。

（2）自己決定理論

内発的動機づけと外発的動機づけという２種類の動機づけに関しては，従来

動機づけのタイプ	非動機づけ	外発的動機づけ		内発的動機づけ
調整の段階	無調整	外的調整　取り入れ的調整 同一化的調整　統合的調整		内的調整
	動機づけの欠如	他律的動機づけ	自律的動機づけ	
自己決定性の程度	全く自己決定的ではない	──────────────────→		十分に自己決定的

図 6-1　自己決定理論における動機づけの連続性

出典：Ryan & Deci（2016）を参考に作成。

前者が望ましく，後者は望ましくない動機づけであるという見方がされてきました。しかし，一言で外発的動機づけと言っても，「教師から叱られないようにするため」という理由で勉強するときと，「将来なりたい職業に必要だから」という理由で勉強するときでは，学習への取り組みやパフォーマンスが違いそうだと，皆さんも直観的に感じるのではないでしょうか。このような内発的／外発的動機づけという２区分から発展させ，現在も幅広い領域で研究知見を生み出している動機づけ理論が，**自己決定理論**（self-determination theory）です（Ryan, 2023）。

デシ（Deci, E. L.）とライアン（Ryan, R. M.）らが提唱した自己決定理論では，外発的動機づけを細分化し，内発的動機づけとの関係を自己決定性（自律性）という次元上で整理しました（図 6-1）。自己決定性が高まるほど，個人は活動に対する意義や価値を理解しており，主体的・自律的にその活動に取り組んでいる状態といえます。

自己決定理論では，非動機づけ，外発的動機づけ，そして内発的動機づけの３つを自己決定性の程度から一次元上に連続体として配置しています。まず，非動機づけとは，自己決定性が最も低く，動機づけが全く生じていない無気力な状態を指します。続いて，非動機づけと内発的動機づけに挟まれる形で，４つの段階に分かれた外発的動機づけが位置します。最も自己決定性の低い段階が，外的調整です。外的調整とは，「親に叱られるから」などのように，活動そのものに対する価値はほとんど感じておらず，報酬の獲得や罰の回避といった理由から行動を起こす段階です。次に，やや自己決定が進んだ段階が，取り入れ的調整です。取り入れ的調整は，「勉強が苦手だと恥ずかしいから」といったように，罪悪感や恥といった形で消極的ながら一部その活動の価値を取り入れている状態です。さらに自己決定性が進んだ段階が，同一化的調整です。この段階では，「希望進路を実現するために必要だから」といったように，活動に対して自分にとっての価値を認識し，納得して当該の活動に取り組んでいます。そして，外発的動機づけの中で最も自己決定性の高い段階が，統合的調整です。この段階は，「学ぶことが自分の価値観と一致するから」といったように，外発的動機づけではあるものの，活動の価値と自分の信念・欲求とが調和している状態を指します。最後に，最も自己決定性の高い動機づけとして，内的調整（内発的動機づけ）が想定されています。

自己決定理論に基づく研究では，自己決定性の高い動機づけと学業達成や精神的健康とのポジティブな関連が数多く報告されています（西村，2019）。従来の動機づけの見方が内発的か外発的かを問題視していたのに対して，自己決定理論では，個人がある活動に対してどの程度自律的かを重視しているのです。

（3） 3つの基本的心理欲求と自律性支援

自己決定理論によると，人間は自律性の欲求，有能感の欲求，そして関係性の欲求という3つの**基本的心理的欲求**をもつと考えられています。まず，自律性は，自分の行動を自身の意志で決定したいという欲求を指します。次に，有能感は，課題にうまく取り組み，自分の能力を表現したいという欲求を指します。最後に，関係性は，他者と温かい関係を築きたいという欲求を指します。これら3つの欲求が支援されて促されているとき，人間はより自己決定性の高い動機づけ状態になりやすいとされています。

上記の通り，3つの欲求への支援はそれぞれ重要ですが，ここでは自律性支援に焦点を当てて説明しましょう。自律性支援とは，学習者の視点に立ち，学習者自身の選択や自発性を促そうとする支援を指します。表6-4には，自律性支援的な指導行動と，生徒の自律性を抑制する統制的な指導行動をまとめました。教師としては，子どもたちに対して学習活動の意義を丁寧に伝え，生徒たちが自ら行動することや選択することを励ます働きかけを心がけることの重要性が示されています。

表 6-4　自律性支援的指導行動と統制的指導行動

	自律性支援的指導行動
聞く	授業で生徒の意見を聞くための時間を教師が取る
生徒の要求を尋ねる	生徒がしたいこと・必要としていることを教師が尋ねる
個別作業の時間を設ける	生徒が個別にそれぞれのやり方で作業する時間を設ける
生徒の話し合いを促進する	授業の中で学習内容について生徒同士が話し合う時間を設ける
座席配置を工夫する	教師よりも生徒が学習教材の近くに座れるような座席配置にする
理由を説明する	ある行動や考え方，感じ方がなぜ有意義かを説明する
情報的フィードバックとして褒める	生徒の学習改善や習得に関して肯定的なフィードバックを伝える
励ます	「君ならできる」と生徒の取り組みを励ます言葉をかける
ヒントを与える	生徒が躓いたとき，どのように進めばよいかアドバイスを与える
応答的に対応する	生徒の質問やコメント，提案などに応じる
生徒の視点で言葉をかける	生徒の視点や経験を認める共感的な言葉をかける
	統制的指導行動
命令や指示を出す	「これをやりなさい」「それを動かして」など命令を出す
「～べき」と発言する	生徒は～をすべき，しなければならない，考えるべき，など，実際に生徒がそうしていないことに対して言う
「正しいやり方」を教える	生徒が自分自身で効果的な方法を発見する前に正しいやり方を教える
「正しいやり方」を示す	生徒が自分自身で効果的な方法を発見する前に正しいやり方をやってみせる
学習教材を独占する	教師が学習教材を物理的に独占する
統制的な質問をする	不信や疑念を感じているようなイントネーションで指示・質問をする

出典：リーブほか（2009）を参考に作成。

4　期待と価値から動機づけを理解する――期待・価値理論

（1）期待・価値理論

動機づけの古典的かつ代表的な理論の1つに，**期待・価値理論**（expectancy-value theory）が挙げられます（宮本・奈須，1995）。この理論では，期待と価値の2つによって人の動機づけを説明しようとしています。期待とは，主観的に認知された成功の見込みを指します。また，価値とは，当人が課題やその達成に対してどの程度主観的な魅力や望ましさを感じているかを指します。私たちの意欲は，「できそうだ」という成功可能性の認識や，「面白い」「できたらカッコいい」などといった対象への価値づけによって影響されるのです。

期待と価値はそれぞれ動機づけに影響すると考えられますが，期待・価値理論では，動機づけが期待と価値の「積」として表現されることがあります。つまり，仮に価値を高く認知していたとしても，成功の見込みがないと思っているような場合，動機づけは高まらず，活動には取り組まないと考えられます。例えば，ある人がスポーツ選手という職業に魅力を感じていたとしても，自分はスポーツ選手になどなれるはずがないと感じているとき，その人はスポーツ選手になるための努力することは難しいでしょう。また，成功の可能性は高く認知する一方，価値がないと感じているような活動に対しても，やはり動機づけは生じにくいと考えられます。このような考え方は，私たちが日常で体験する動機づけをよく説明しているのではないでしょうか。

（2）自己効力感

バンデューラ（Bandura, A）は，期待概念を**結果期待**と**効力期待**の２つに区別しました。結果期待とは，ある行動が，ある結果をもたらすであろうという期待を指します。一方，効力期待は，ある結果を生み出すために必要な行動を，自分がどの程度うまくできるかという確信を指します（図6-2）。例えば，「毎日ドリル学習に取り組んだら（行動），成績が上がるだろう（結果）」という結果期待は高く認知していながら，「毎日ドリル学習をするなんて，自分にはできない」と効力期待は低い生徒がいたとしましょう。この場合，効力期待が低

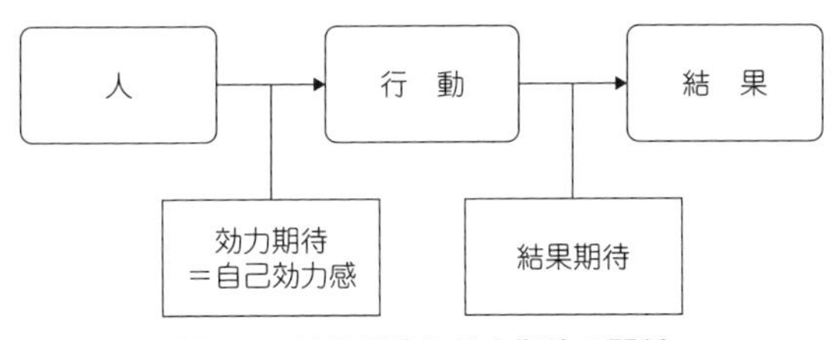

図6-2　結果期待と効力期待の関係

いことからドリル学習という行動が起こらず，結果的に成績も上がらないことが考えられます。したがって，同じ期待でも因果的に先行する効力期待の重要性が理解できます。このような遂行可能性の認知のことを，バンデューラは自己効力感（self-efficacy）と呼びました。

自己効力感は，行動の強い予測因であることが多くの研究によって示されています（参考に，坂野・前田，2002）。さらに，自己効力感を高めるためには，① 実際に成功を体験する（達成体験），② うまくいっている人を観察し，参考にする（モデリング），③ 他者から「うまくいきそうだ」という説得や励ましを受ける（言語的説得），④ 不安や緊張を低減させる（情動的喚起），という4つが重視されています（伊藤，2012）。

（3）課題価値

「なんで勉強しなくちゃいけないの？」。子どもたちは，学びの意義や価値に関してこのような問いかけをすることがあります。エックレス（Eccles, J. S.）たちは，こうした価値についての動機づけ概念として，**課題価値**（task value）を提唱しています（Eccles & Wigfield, 2020）。

課題価値は，以下の4つの種類が提案されています。1つ目は，興味価値です。これは，内発的動機づけと類似しており，「数学の勉強は面白いから」といったように，課題に取り組むことの楽しさ・面白さを指します。2つ目は，獲得価値です。これは，「学ぶことで目指す自分になれるから」といったように，アイデンティティや個人的な重要性（例：望ましい自己像の獲得）に関わる価値です。3つ目は，利用価値です。これは，「学習内容が将来の生活で役立つから」といったように，自身にとっての有用性の認知を指す価値です。最後の4つ目は，コストです。これは，「勉強することは大変だ」といったように，心理的な負担感を指すネガティブな価値です。興味価値や獲得価値，利用価値といったポジティブな価値の認知は，子どもたちの学習行動や科目選択を促進する一方で，コストはそれらを抑制することが明らかになっています。

先行研究では，子どもたちの課題価値の各側面に働きかける支援・介入が様々な形で提案されています（Rosenzweig et al., 2022）。最近では特に，課題価値の中でも利用価値に着目し，学習内容に対する利用価値の認知を促進させることで学習者の興味や学業成績の向上へとつなげる**利用価値介入**（utility value intervention）に注目が集まっています（Hulleman & Harackiewicz, 2020；解良・浦上，2022）。利用価値介入についての一連の研究では，学習内容の有用性を教師が子どもたちに教えるだけでなく，子どもたち自身によって，学習内容が自分たちの生活でどのように役立つのかを考えさせたり，話し合わせたりする取り組みの有効性が示されつつあります。学習する内容を身の回りの生活と結び付け，多様な意義や価値を付与しながら学習に取り組むことで，子どもたちの学習動機づけが促進すると考えられます。

5　やる気を引き出す教師

（1）教師期待効果

教室において，教師は子どもたちの動機づけに対して様々な形で影響を与えうると思いますが，その中には教師としては無意識的・無自覚的な形のものも含まれます。そのような現象に関連して，**教師期待効果**（teacher expectation effect）を紹介しましょう。教師期待効果とは，子どもの教室内での行動や学業成績が，教師の期待する方向で成就する現象を指します。なお，教師期待効果は，**ピグマリオン効果**（Pygmalion effect）とも呼ばれます。

教師期待効果を示したローゼンタールたちの実験（Rosenthal & Jacobson, 1968）では，小学校入学前の幼稚園児と小学生を対象に，年度末に一般的な知能検査を実施しました。しかし，担任教師にはその検査を「学力の伸びを予測する検査」と偽って知らせていました。そして新年度の直前に，担任教師には当該の検査で好成績だった児童だと称し，子どもの名前のリストが示されました。ただし，実際にはこのリストに挙がっていたのは，検査の成績とは無関係に，ランダムに選ばれた子どもたちだったのです。この時点で，子どもの能力とは無関係に，教師の心の中ではリストに挙がっていた児童に対して「この子は伸びる」というポジティブな期待が形成されたことが考えられます。そして年度末，再び子どもたちに知能検査を行った結果，リストに挙げられていた子どもたちは，そうでない子どもたちに比べて，特に低学年で検査の成績が上昇したことが示されました。つまり，（実際の能力とは関係なく）教師がポジティブな期待をもって子どもたちに接することで，実際に成績が伸びたのです。

なぜ，このような現象が生じたのでしょうか。その後の研究で，教師が高い期待をもつ子どもに対しては，正答を褒める機会が多かったり，誤答に対してもヒントを与えて励ましたりする回数が多い一方で，期待の低い子どもに対しては，誤答を叱責する機会が多かったり，回答に対するコメントが少なくなる傾向が示されました。こうした期待の高さに応じた行動の違いを，教師自身は気づいていなくても，子どもの方は気づきます。このように，教師の期待は直接的・間接的な形で教師の言動に反映されることで子どもたちに伝達し，彼（女）らの自尊心や動機づけにポジティブにもネガティブにも影響を与えるのです。さらに，子どもたちが期待する方向へ態度や行動を変容させ，それが成績に現れることで，教師の心の中では「やはりこの子は能力が高い / 低い」といったように期待が再強化されるでしょう。その結果，教師期待効果はループする可能性があります。

（2）「良かれと思って…」の落とし穴

教師期待効果では，教師が子どもに対して形成した期待が，教室における様々な相互作用を通して伝わり，子どもの態度や行動に影響することが示されました。教師は，こうした指導行動が無自覚のうちにも行われやすいことを留意する必要があるでしょう（参考に，Brophy & Good, 1974)。

さらに，教師が「良かれ」と思って取った行動でも，子どもにとっては低い期待のメッセージとなることがあります。例えば，勉強の苦手な子どもに対して，教師が成功体験を積ませようという意図をもち，他の子どもよりも簡単な課題を出したり，達成の基準を少し低く設定したとしましょう。このような指導がうまく機能することももちろんあると思いますが，本人には「先生は私のことを勉強ができない人だと思っているから，他の子と違う対応を取るんだ」と解釈され，結果的に意欲を損なってしまうケースもありえます。関連してGraham（1991）は，一見良いものにみえるものの，学習者の（低い）能力への帰属につながりうる教師の行動として，①失敗したときの同情（pity），②明らかに簡単な課題が解けたときの過剰な褒め，③本人から求められていない段階での援助提供の3つを指摘しています。このように，子どもたちの意欲を引き出そうと意図した働きかけであっても，それが教師の望んだような結果に結びつかないことは，残念ながら現実にあるのではないでしょうか。また，要領よく物事を進めるのが苦手な子どもに対して，スムーズに取り組めるように手取り足取りと細かくサポートをしたくなるかもしれませんが，それは子どもの自律性を阻害してしまうかもしれません。マイペースな子どもに対して，やる気を高めようと他の子どもとの競争を煽ったりしたくなっても，それは遂行目標を過度に強調することにつながるかもしれません。多くの人は，「こうしたら人のやる気は高まるのではないか」という人間の意欲に対する信念やアイデアをもっていると思いますが，こうした素朴な考えに基づいた「支援」は，動機づけの理論的な視点を通してみると，留意しなければいけないポイントが見えてきます。

子どもたちの動機づけを促進する万能な処方箋はないと言ってよいでしょう。それでも人の動機づけのメカニズムについて理解を深めることは，目の前の子どもたちの複雑かつ繊細な意欲について幅広い視点から分析し，より適切な支援を実践することにつながると考えています。

まとめ

① 学習性無力感という考え方では，「努力しても望む結果に結びつかなかった」という認知を学習することで，人は無気力になると考えられています。また，原因帰属理論によると，失敗の原因を「能力」ではなく，「努力」などの改善可能な要因に帰属することで，無気力を予防できる可能性が考えられます。

② 達成目標理論の観点からは，個人内での成長を志向する熟達接近目標をもつことが興味や学業成績を促進すると考えられています。熟達接近目標を促すために，増大的マインドセットや熟達目標構造という考え方が参考になります。

③ 活動に取り組む理由を「手段－目的」という軸で整理した概念として，外発的動機づけ・内発的動機づけがあります。この2つの動機づけ概念を自己決定性の

次元で捉え直した自己決定理論では，自己決定性の高い動機づけで活動に取り組むことが，精神的健康やパフォーマンスにつながるとされています。

④ 人の動機づけについて，期待と価値の２側面から説明しようとする理論的枠組みを，期待・価値理論と呼びます。本章では，期待概念として自己効力感を，価値概念として課題価値を紹介しました。

⑤ 子どもの行動や学業成績が，教師の期待する方向で成就する現象を教師期待効果と呼びます。教師が子どもに対してもつ期待の高さは，暗黙裡に教師の行動を規定し，そのような行動を子どもが認知し，解釈することで，子どもの動機づけが影響を受けると考えられています。

本章で紹介した内容を踏まえて，本章の冒頭に示したＡ君の事例を改めて分析してみましょう。本章を読む前と比べて，人の意欲を理解する視点が増えていたら幸いです。なお，動機づけは，本章で紹介した内容以外にも多様な理論や概念が提案されており，それらを紹介した良書も数多く出版されています。興味をもった方は，鹿毛（2013），鹿毛（2022），フィッシュバック（2023）などを参考に，人の動機づけという現象についてさらに理解を深めていただけたらと思います。

引用文献

Ames, C., and Archer, J. (1988). Achievement goals in the classroom: Students' learning strategies and motivation processes. *Journal of Educational Psychology*, **80**, 260-267.

Brophy, J. (2004). *Motivating students to learn* (2nd ed.). Mahwah, NJ, US: Lawrence Erlbaum Associates Publishers（中谷 素之（監訳）(2011). やる気をひきだす教師——学習動機づけの心理学—— 金子書房）

Brophy, J. E., & Good, T. L. (1974). *Teacher-student relationships: Causes and consequences.* New York: Holt, Rinehart and Winston, Inc.（浜名 外喜男・蘭 千寿・天根 哲治（訳）(1985). 教師と生徒の人間関係——新しい教育指導の原点—— 北大路書房）

Dweck, C. S. (2006). *Mindset: The new psychology of success.* New York: Random House（今西 康子訳 (2016). マインドセット——「やればできる！」の研究—— 草思社）.

Dweck, C., and Yeager, D. (2020). A growth mindset about intelligence. In G. M. Walton, & A. J. Crum (Eds.), *Handbook of wise interventions: How social psychology can help people change* (pp. 9–35). New York: The Guilford Press.

Eccles, J. S., and Wigfield, A. (2020). From expectancy-value theory to situated expectancy-value theory: A developmental, social cognitive, and sociocultural perspective on motivation. *Contemporary Educational Psychology*, **61**, 101859.

Elliot, A. J., and McGregor, H. A. (2001). A 2×2 achievement goal framework. *Journal of personality and social psychology*, **80**, 501–519.

Fishbach, A. (2022). *Get it done: Surprising lessons from the science of motivation.* Pan Macmillan.（上原 裕美子訳（2023）．科学的に証明された自分を動かす方法――なぜか目標を達成できてしまう，とてつもなく強力なモチベーションサイエンス――　東洋経済新報社）

Graham, S. (1991). A review of attribution theory in achievement contexts. *Educational Psychology Review*, **3**, 5–39.

Graham, S. (2020). An attributional theory of motivation. *Contemporary Educational Psychology*, **61**, 101861.

波多野 誼余夫・稲垣 佳世子（2020）．無気力の心理学――やりがいの条件――改版　中央公論新社

Hulleman, C. S., and Harackiewicz, J. M. (2020). The utility-value intervention. In G. M. Walton, & A. J. Crum (Eds.), *Handbook of wise interventions: How social psychology can help people change* (pp. 100–125). New York: The Guilford Press.

伊藤 圭子（2012）．「できる」はできるという信念で決まる――セルフ・エフィカシー――　鹿毛雅治（編著）モチベーションをまなぶ12の理論――ゼロからわかる「やる気の心理学」入門！――（pp. 245–280）　金剛出版

鹿毛 雅治（2013）．学習意欲の理論――動機づけの教育心理学――　金子書房

鹿毛 雅治（2022）．モチベーションの心理学――「やる気」と「意欲」のメカニズム――　中央公論新社

解良 優基・浦上 昌則（2022）．利用価値介入に関する研究の概観と展望　ソーシャル・モチベーション研究，早期公開

宮本 美沙子・奈須 正裕編著（1995）．達成動機の理論と展開――続・達成動機の心理学――　金子書房

中谷 素之（2012）．何を目指して学ぶか――達成目標理論―― 鹿毛雅治編著 モチベーションをまなぶ12の理論――ゼロからわかる「やる気の心理学」入門！――（pp. 195-221） 金剛出版

中谷 素之・岡田 涼・犬塚 美輪（編著）（2021）．子どもと大人の主体的・自律的な学びを支える実践――教師・指導者のための自己調整学習―― 福村出版

西村 多久磨（2019）自己決定理論 上淵寿・大芦治（編著）新 動機づけ研究の最前線（pp. 45-73） 北大路書房

Reeve, J., Deci, E. L., Ryan, R. M., and Jang, H. (2008). Understanding and promoting autonomous self-regulation: A self-determination theory perspective. In D. H. Schunk, and B. J. Zimmerman (Eds.), *Motivation and self-regulated learning: Theory, Research, and Applications* (pp. 223-244). New York: Lawrence Erlbaum Associates（瀬尾 美紀子訳（2009）．自律的自己調整の理解と促進――自己決定理論の観点から―― 塚野 州一（編訳）自己調整学習と動機づけ（pp. 183-199） 北大路書房

Rosenthal, R., and Jacobson, L. (1968). *Pygmalion in the classroom: Teacher expectation and pupil's intellectual development.* New York: Holt, Rinehart and Winston, Inc.

Rosenzweig, E. Q., Wigfield, A., and Eccles, J. S. (2022). Beyond utility value interventions: The why, when, and how for next steps in expectancy-value intervention research. *Educational Psychologist*, **57**, 11-30.

Ryan, R. M. (Eds) (2023). *The Oxford Handbook of Self-determination Theory* New York: Oxford University Press.

Ryan, R. M., and Deci, E. L. (2016). Facilitating and hindering motivation, learning, and well-being in schools: Research and observations from self-determination theory. In K. R. Wentzel and D. B. Miele (Eds.), *Handbook of motivation at school*, 2nd ed., (pp. 96-119). New York: Routledge.

坂野 雄二・前田 基成（編著）（2002）．セルフ・エフィカシーの臨床心理学 北大路書房

Seligman, M. E., and Maier, S. F. (1967). Failure to escape traumatic shock. *Journal of Experimental Psychology*, **74**, 1-9.

上淵 寿（2019）．達成目標理論．上淵 寿・大芦 治（編著）新 動機づけ研究の最前線（pp. 20-44） 北大路書房

Weiner, B., Frieze, I., Kukla, A., Reed, L., Rest, S., and Rosenbaum, R. M. (1971) Perceiving the causes of success and failure. In E. E. Jones, D. E. Kanouse, H. H. Kelley, R. E. Nisbett, S. Valins, and B. Weiner (Eds.), *Attribution: Perceiving the causes of behavior* (pp. 95–120). Morristown, New Jersey: General Learning Press.

（解良優基）

第7章
応用行動分析学

学びのポイント

・行動の原因の考え方について理解する。
・強化と弱化の行動原理について理解する。
・行動のきっかけ（オペランダム，弁別刺激，確立操作）について理解する。
・応用行動分析学の理論に基づく行動支援の技法について理解する。

キーワード☞循環論の罠，三項随伴性，強化と弱化，好子と嫌子，消去，オペランダム，弁別刺激，確立操作，分化強化，プロンプト・フェイディング，シェイピング，課題分析，チェイニング行動の原因はどこにあるの？

あなたには「やめた方がいいとはわかっていてもついついやってしまう行動」はあるでしょうか？
もし，そんな行動があるとしたら，その行動をやってしまう原因を複数考えてみましょう。

応用行動分析学は，心理学の一分野でありながら，その他の心理学とは異なるユニークな特徴をもっています。本章では，応用行動分析学の基礎的な理論と行動支援の技法について学んでいきます。

1 行動の原因

(1) 循環論の罠

「人はなぜそのように行動するのか？」という疑問は，心理学における重要な研究テーマのひとつであるといえます。例えば，「大学生が講義中にスマートフォンを見ている」場面を想像してみてください。みなさんは，講義中にスマートフォンを見る大学生がいるのはなぜだと思いますか？　もちろん様々な理由が考えられるとは思うのですが，例えば，その学生の「規範意識が低いから」という説明はどうでしょうか。規範意識が低いから講義中にスマートフォンを見てしまうというわけです。一見，納得できる説明のようにも思いますが，こうした説明をしている人に「その学生の規範意識が低いということがなぜわかるのですか？」と質問をしてみるとどうでしょうか。すると「その学生はいつも講義中にスマートフォンを見ているから」という回答が返ってくるかもしれません。その学生はなぜ講義中にスマーフォンを見るのか。それは規範意識が低いから。なぜ規範意識が低いとわかるのか。それは講義中にスマートフォンを見ているから。なぜ講義中にスマートフォンを見るのか。それは規範意識が低いから…。というように同じ議論が繰り返されてしまいます。こうした議論は「循環論」と呼ばれ，循環論にはまってしまうことを「循環論の罠」と呼んでいます（奥田，2012)。上記の例の場合，「規範意識が低い」というのは「講義中にスマートフォンを見る」という行動を別の言葉で言い換えているだけですので，行動の原因にはなり得ないのです。○○意識や○○感，○○力不足，○○な性格といった個人の内面に行動の原因を求めても多くの場合「循環論の罠」にはまってしまうのです。

（2）応用行動分析学とは

応用行動分析学（Applied Behavior Analysis）は，アメリカの心理学者スキナー（Skinner, B. F.）が体系化した行動分析学（Behavior Analysis）を人や動物の行動の改善に応用し，社会的な課題を解決しようとする学問領域です。応用行動分析学は，教育だけでなく，医療，福祉，スポーツなど様々な分野で成果を上げています。そして，応用行動分析学の特徴のひとつが，行動の原因を個人の内面ではなく，個人を取り巻く「環境」に求めるという点です。先ほどの「大学生が講義中にスマートフォンを見る」という行動で考えてみると，例えば，行動する前の環境として「スマートフォンの通知が鳴った」や「講義がつまらない」などといった「きっかけ」があったのかもしれません。あるいは，行動した後の環境として「友達からのメッセージが確認できる」や「ゲームができる」，「時間がつぶせる」などといった「結果」があったのかもしれません。すなわち，応用行動分析学においては，こうした行動する前の環境（きっかけ）や行動した後の環境（結果）と個人との相互作用の中で，その行動が生じたり，逆に生じなかったりすると考えるのです。「きっかけ」「行動」「結果」の三者の関係性は「三項随伴性」と呼ばれ，応用行動分析学における基本的な分析単位となります。

2　行動の結果

（1）強化と弱化

ある行動をした後，どのような結果であれば，その後その行動は増えるでしょうか？　逆に，どのような結果であれば，その後その行動は減るでしょうか？　おそらく人から褒められたり，ご褒美がもらえたりすれば，その後その行動は増えるでしょうし，人から叱られたり，罰があったりすれば，その後その行動は減るでしょう。つまり，行動した後，その行動をした人にとっての「メリット」となるような結果があれば，その後その行動は増えます。このとき，行動が増えることを「強化」と呼びます。逆に，行動した後，その行動をした人にとっての「デメリット」となるような結果があれば，その後その行動は減ります。このとき，行動が減ることを「弱化」と呼びます。行動した後の結果によって，行動は強化されたり，弱化されたりするのです。

（2） 4つの行動原理

その行動をした人にとっての「メリット」となるような結果には2つのパターンがあります。メリットの1つ目は，行動した結果，その行動をした人にとって都合のよいものが新たに生じたというパターンです。例えば，図7-1のように，子どもが授業中に発表したら先生に褒められたため，その後その子はたくさん発表するようになったというような場合です。この時，「行動をした人にとって都合のよいもの」（褒められることなど）は「好子（強化子）」と呼ばれ，行動することにより好子が新たに生じた（出現した）結果，行動が強化されるという原理を「好子出現による強化」（正の強化）と呼びます。

メリットの2つ目は，行動した結果，その行動をした人にとって都合の悪いものがなくなった・減ったというパターンです。例えば，図7-2のように，子どもが授業中に教室を飛び出したら苦手な課題をせずに済んだため，その後その子は何度も教室を飛び出すようになったというような場合です。この時，「行動をした人にとって都合の悪いもの」（苦手な課題など）は「嫌子（弱化子）」と呼ばれ，行動することにより嫌子がなくなった・減った（消失した）結果，行動が強化されるという原理を「嫌子消失による強化」（負の強化）と呼びます。

同様に，その行動をした人にとっての「デメリット」となるような結果にも

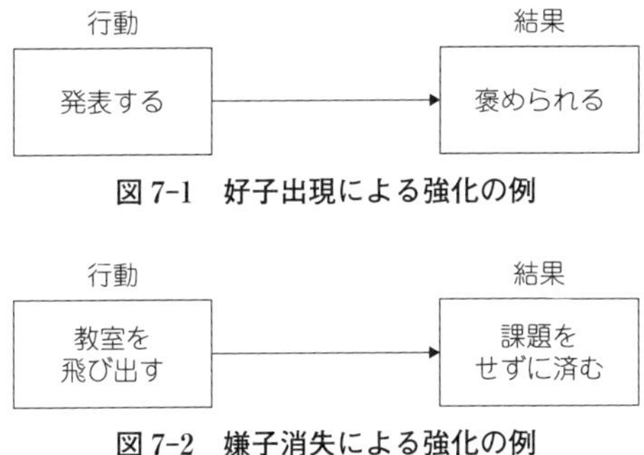

図7-1　好子出現による強化の例

図7-2　嫌子消失による強化の例

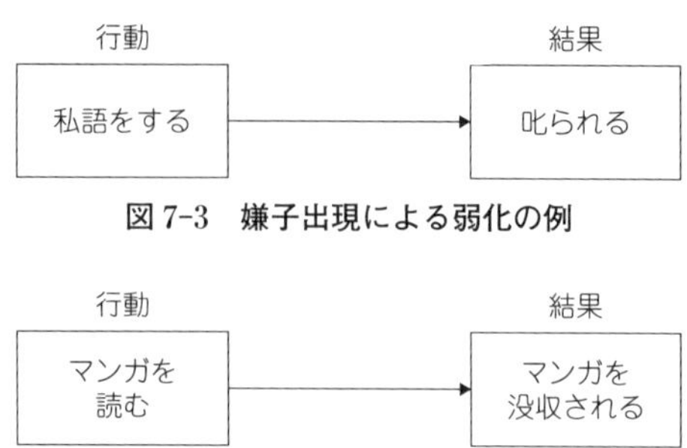

図 7-3　嫌子出現による弱化の例

図 7-4　好子消失による弱化の例

2つのパターンがあります。デメリットの1つ目は，行動した結果，その行動をした人にとって都合の悪いものが新たに生じたというパターンです。例えば，図 7-3 のように，子どもが授業中に私語をしたら先生に叱られたため，その後その子は私語をしなくなったというような場合です。叱られることなどは「行動をした人にとって都合の悪いもの」，すなわち「嫌子（弱化子）」と考えられますので，行動することにより嫌子が新たに生じた（出現した）結果，行動が弱化されるという原理を「嫌子出現による弱化」（正の弱化）と呼びます。

デメリットの2つ目は，行動した結果，その行動をした人にとって都合のよいものがなくなった・減ったというパターンです。例えば，図 7-4 のように，子どもが授業中にマンガを読んでいたら先生にマンガを没収されたため，その後その子は授業中にマンガを読まなくなったというような場合です。マンガなどは「行動をした人にとって都合のよいもの」，すなわち「好子（強化子）」と考えられますので，行動することにより好子がなくなった・減った（消失した）結果，行動が弱化されるという原理を「好子消失による弱化」（負の弱化）と呼びます。

このように，行動した後に生じる結果によって，行動が強化されるものが2パターン，行動が弱化されるものが2パターン，合わせて4パターンの行動原理があり，表にまとめると表 7-1 のようになります。

表 7-1　4つの行動原理

	出現	消失
好子	強化	弱化
嫌子	弱化	強化

(3) 消　去

上で述べた4つの行動原理は，いずれも行動した結果，好子や嫌子が出現したり，消失したりするという環境の変化が伴うものでした。しかし，例えば，子どもが授業中に授業とは関係のない発言をした結果，先生も友達も誰一人として反応せず，そのまま授業が続いたというように，行動しても「何も起こらない」，すなわち環境が変化しないというパターンも存在します。それまで強化されていた行動に対して，好子出現も嫌子消失もしなくなる（環境の変化がなくなる）ことを「消去」と呼びます。行動しても何も起こりませんので，最終的には行動は減っていきますが，消去の直後，一時的に行動がエスカレートすることがあります。これは「消去バースト」と呼ばれ，例えば，パソコンが突然フリーズした（何も起こらなくなった）時に，キーボードを何度も押し続けるといった例が挙げられます。

なお，弱化も消去も行動が減るという点においては共通していますが，弱化が嫌子出現や好子消失といった環境の変化を伴うのに対して，消去は環境の変化を伴いません（何も起こらない)。また，弱化は比較的すぐに行動が減るのに対して，消去は一時的に行動がエスカレート（消去バースト）してから徐々に減っていきます。こうした違いから消去は弱化とは異なる行動原理として分類されます。

3　行動のきっかけ

(1) オペランダム

例えば，「本を読む」という行動をするためには「本」が必要です。同じく，「ボールを投げる」という行動をするためには「ボール」が必要です。このように，人が行動するために操作する環境の一部を「オペランダム」と呼びます。オペランダムは，その行動の可否を決定するもの，すなわちそれがなければ絶対にその行動はできないものです。本がなければ本は読めませんし，ボールがなければボールは投げられません。学校においては，包丁やカッターナイフなどの刃物や危険な薬品などは，鍵付きの棚に片付けたり，子どもたちの目に触れないところに保管したりします。これは子どもたちが包丁やカッターナイフ，薬品などを誤った危険な方法で使わないように，そうした行動に必要なオペランダム（包丁やカッターナイフ，薬品など）をなくしているとも考えられます。

（2）弁別刺激

なぜ人は雨が降ると傘をさすのでしょう？　それは傘をさせば雨に濡れない，すなわち嫌子消失によって傘をさす行動が強化されるからです。では，なぜ人は雨が降っていないときには傘をささないのでしょう？　それは雨が降っていないときに傘をさしても何も起こらない，すなわち消去されるからです。このように，特定の刺激があるときにだけ行動が強化され，その刺激がないときには消去されるとき，その特定の刺激は「弁別刺激」と呼ばれ，弁別刺激があるときにだけ行動が生起するようになることを「刺激性制御」といいます。弁別刺激は，行動が強化される可能性を示すものであり，先ほどの例でいえば「雨（が降っている状態）」ということになります。

なお，オペランダムは，それがなければ絶対にその行動はできないのに対して，弁別刺激は，それがあってもなくてもその行動をすることはできます（雨が降っていても降っていなくても傘はさせる）。しかし，弁別刺激があるときにだけその行動が強化されるため，結果として，弁別刺激のもとでのみ行動が生起するようになるのです（雨が降っているときにのみ傘をさすようになる）。例えば，お母さんにおねだりすればおやつがもらえるが（好子出現による強化），お父さんにおねだりしてもおやつはもらえないので（消去），結果としてお母さんにだけおねだりするようになったという場合，おねだりをする行動は「お母さん（の存在）」を弁別刺激とする刺激性制御を受けているといえます。

（3）確立操作

先ほどのおねだりの例で，おねだりをする行動が「お母さん（の存在）」を弁別刺激とする刺激性制御を受けている場合，お母さんにだけおねだりをするわけですが，仮に夕飯を食べた直後で満腹だったとすれば，たとえお母さんが近くにいてもおねだりはしないでしょう。逆に，夕飯の前で空腹だったとすれば，お母さんを探してでもおねだりをするでしょう。こうした行動の違いは，おねだりによって得られるおやつ，すなわち好子の効力の違いによって生じます。すなわち，満腹の時にはおやつの効力は下がります。一方，空腹のときにはおやつの効力は上がります。このように，好子の効力を上げたり，下げたりするものを「確立操作」と呼びます。一般的に，好子が十分に得られているときには好子の効力は下がり（飽和化），好子が十分に得られていないときには好子の効力は上がります（遮断化）。このように好子は，状況によってその効力が変化するのです。

なお，確立操作は，行動によって得られる好子の効力を変化させますが，弁別刺激のように行動が強化される可能性を示すものではありません。空腹になればおやつの効力は上がりますが，空腹になったからといっておやつがもらえる可能性が高まるわけではありません。逆に，弁別刺激は行動が強化される可能性は示しますが，確立操作のように行動によって得られる好子の効力を変化させることはありません。お母さんの存在はおやつをもらえる可能性を高めますが，お母さんがいるからといっておやつの効力が上がるわけではありません（杉山他，2023）。

4　行動支援の技法

（1）分化強化

子どもの適切な行動は強化し，不適切な行動は消去するという技法は「分化強化」と呼ばれ，行動支援の基本的な技法のひとつです。例えば，授業中に授業とは関係のない発言をしてしまう子どもがいた場合，授業に関係のない発言にはできる限り反応しないようにし（消去），授業に少しでも関係のある発言をしたときにすかさず反応する（好子出現による強化）といった対応が考えられます。このとき，授業に関係のない発言を注意するという対応も考えられますが，「注意する」という対応が，子どもにとっては「相手にしてもらえた」という好子として機能する可能性があり，授業に関係のない発言を強化してしまう恐れもあります（好子出現による強化）。また，注意や叱責といった嫌子を用いた対応（嫌子出現による弱化）には多くのリスクもあります（詳しくは，本書第10章を参照）。したがって，適切な行動に対しては称賛やご褒美等を与える好子出現による強化を積極的に行い，不適切な行動に対してはできる限り反応しない消去を行うといった対応が重要となります。

（2）プロンプト・フェイディング

上で述べたように，子どもの適切な行動を積極的に強化することは大変重要です。しかし，なかなか適切な行動をしてくれず，強化する機会が少ないケースもあります。そうした場合には，子どもが適切な行動をしやすくなるようなヒントを出したり，手助けをしたりします。こうした適切な行動を促す補助的な刺激を「プロンプト」と呼びます。プロンプトには，いくつか種類があり，例えば，「○○しようね」や「○○を見て」といった言葉による援助（言語プロンプト），ヒントカードや手順書，イラストといった視覚的な援助（視覚プロンプト），先生や仲間によるお手本（モデリング），手をつないだり，背中を支えたりといった体に触れながらの援助（身体プロンプト）などが挙げられます（Alberto & Troutman, 1999 佐久間他訳 2004）。こうしたプロンプトを用いることで，子どもが適切な行動をすることができれば，行動を強化することも可能となります。

一方で，過剰なプロンプトは子どもの自発性を低め，いわゆる「指示待ち」の状態にしてしまう危険性もあります。プロンプトはあくまで「補助的な刺激」であり，いずれなくしていくことが前提となります。例えば，最初は毎回プロンプトを出していた状態から，２回に１回，３回に１回と徐々に頻度を下げていくという方法もありますし，最初は「筆箱と教科書とノートを出しましょう」と直接的なプロンプトを出していた状態から，「何を出したらいいかな？」といった間接的なプロンプトに徐々に変えていくという方法もあります。こうした方法によって徐々にプロンプトをなくしていくことを「プロンプト・フェイディング」と呼び，子どもの自発性を育てる上で大変重要な手続きとなります。

（3）シェイピング

なかなか適切な行動をしてくれず，強化する機会が少ないケースの中には，そもそもその行動を身につけていないために行動することができないという場合も考えられます。例えば，大きな声であいさつをする行動を強化したい場合，そもそもうまく言葉を話せない子どもや大きな声が出せない子どもに「大きな声であいさつができたら褒めよう（強化しよう）」と考えても，一向に強化の機会は訪れません。そこで，まずは「おはようございます」の「お」だけでも言えたら，あるいは小さな声でもあいさつができたら強化します。やがてそれができるようになったら，「お」だけ，あるいは小さな声でのあいさつは消去します（反応しない）。すると，消去バーストにより行動がエスカレートしますので，「おは」まで，あるいはもう少し大きな声で言うようになるかもしれません。そうしたら，すかさずその行動を強化します。それができるようになったらまた消去…というように，強化と消去を繰り返しながら目標に近い行動を段階的に強化していく技法を「シェイピング（反応形成）」と呼びます。最初から適切な行動が完璧にできることを目指すのではなく，徐々に近づけていくスモールステップの考え方が重要なのです。

（4）課題分析とチェイニング

子どもの適切な行動には「あいさつをする」というような単純なものもあれば，「給食の準備をする」や「手を洗う」というように複数の行動が含まれているものもあります。こうした複数の行動が含まれている行動を強化したい場合には，まずその複数の行動をひとつひとつ分解することが重要です。例えば，「手を洗う」行動であれば，①水道の蛇口をひねる（水を出す），②手を濡らす，③手にせっけんを付ける，④手の平をこすり合わせる，⑤指の間をこすり合わせる，⑥指先をこすり合わせる，⑦手の甲を洗う，⑧手首を洗う，⑨せっけんを洗い流す，⑩水道の蛇口をひねる（水を止める），⑪タオルやハンカチで手を拭くといったように分けられるかもしれません。このように複数の行動が含まれる行動をその工程順に分解することを「課題分析」と呼びます。課題分析をすることで，子どもがどの工程でつまずいているのかが明確になり，指導の計画も立てやすくなります。

複数の行動が含まれている行動を指導する技法としては「チェイニング」が挙げられます。チェイニングとは，複数の行動を工程順に遂行できるように，行動と行動をつなげていく手続きのことです。チェイニングにはいくつかの種類があり，例えば，先ほどの「手を洗う」行動を例にすると，まず①だけを練習して，できるようになったら次は①と②，次は①と②と③というように前の工程から順番に教えていく「順行チェイニング」，①～⑩までは教師が代行したり援助したりして⑪だけを練習し，できるようになったら次は⑩と⑪，次は⑨と⑩と⑪というように後ろの工程から順番に教えていく「逆行チェイニング」，①～⑪を繰り返し練習する「全課題提示法」などがあります（Miltenberger, 2001 園山ほか訳 2006）。どの方法を選択するかは子どもの実態によりますが，一般的に逆行チェイニングは，最後の工程を子どもに行わせることで，子どもが成功体験を得やすいと考えられています。

コラム　行動とは？

行動とは何でしょうか？　応用行動分析学において行動を定義するひとつの方法として「死人テスト」があります（Lindsley, 1991)。これは「死人にはできないことすべて」を行動と定義するという考え方です。逆に言えば「死人にできること」は行動ではないと考えるわけです。したがって，静かにしている，じっとしている，話さない，歩かない，叩かれる，見られるなどは死人にもできますので行動とは考えません。このように定義することで，同じ基準で行動を分析できるようになるのです。

まとめ

- 応用行動分析学では，行動の原因を個人の内面に求めるのではなく，行動する前の環境（きっかけ）や行動した後の環境（結果）と個人との相互作用の中に求める。
- 行動した結果によって，その後行動が増えることを「強化」，行動が減ることを

「弱化」と呼び，好子か嫌子か，出現か消失かの組み合わせによって，好子出現による強化，嫌子消失による強化，嫌子出現による弱化，好子消失による弱化の４つの行動原理がある。

・それまで強化されていた行動に対して，好子出現も嫌子消失もしなくなる（環境の変化がなくなる）ことを「消去」と呼び，消去の直後には，一時的に行動がエスカレートする「消去バースト」が生じることがある。
・行動のきっかけには，行動の可否を決定するものである「オペランダム」，行動が強化される可能性を示すものである「弁別刺激」，行動の結果出現する好子の効力を上げたり，下げたりするものである「確立操作」がある。
・応用行動分析学に基づく行動支援の技法には，適切な行動は強化し，不適切な行動は消去するという「分化強化」，適切な行動を促す補助的な刺激である「プロンプト」とそれを徐々になくしていく「プロンプト・フェイディング」，そして，強化と消去を繰り返しながら目標に近い行動を段階的に強化していく「シェイピング（反応形成）」，複数の行動を工程順に遂行できるように，行動と行動をつなげていく「チェイニング」などがある。

引用文献

Alberto, P. A. & Troutman, A. C. (1999). *Applied behavior analysis for teachers* (5th ed.). Upper Saddle River, NJ: Prentice-Hall.（佐久間 徹・谷 晋二・大野 裕史（訳）(2004). はじめての応用行動分析　日本語版第２版　二瓶社）

Lindsley, O. R. (1991). From technical jargon to plain English for application. *Journal of applied behavior analysis*, **24**(3), 449-458.

Miltenberger, R. G. (2001). *Behavior Modification: Principles and Procedures* (2nd ed.). Belmont, CA: Wadsworth Publishing.（園山 繁樹・野呂 文行・渡部 匡隆・大石 幸二（訳）(2006). 行動変容法入門　二瓶社）

奥田 健次 (2012). メリットの法則――行動分析学・実践編――　集英社

杉山 尚子・島 宗理・佐藤 方哉・R. W. マロット・M. E. マロット (2023). 行動分析学入門　第２版　産業図書

（宮木秀雄）

第8章
学校心理学

学びのポイント

- 学校心理学と包括的生徒指導の関係性，およびその概要について理解する。
- 教師が学校心理学を知る理論的実践家であることの重要性を理解する。
- 発達支持的生徒指導という考え方を理解する
- 日本における包括的生徒指導の必要性と緊急性について理解する。

キーワード☞学校心理学，包括的生徒指導，マルチレベルアプローチ（MLA），一次的・二次的・三次的生徒指導，発達支持的生徒指導，アセスメント，重層的支援，チーム学校現在の日本の学校では，小中高では多少の違いはありますが，不登校，不登校傾向，ASD，ADHD，読み書き障害等の子どもが１～２名ずついたり，学級崩壊などの影響を受け教師に対する信頼感が薄い子どもがいたり，愛着に課題があって精神的に不安定だったり対人関係上の課題が大きい子どももいる，というのが一般的です。

学級担任になるということは，こうした学級を預かるということです。そしてその集団と子どもたちを，１年間で望ましい方向へと育て導いていくということです。あなたは，こうした学級を担任するということがわかったら，どのような学級経営の方針を立てますか。

こうした事態に対応する際に，過去の自分の経験や直感に頼った方法ではうまくいかないことは明らかでしょう。個々の児童生徒や学級の状態を的確に捉え，理論的に妥当な方法で関わり続けることが求められます。そうした力をもつことがこれからの教師に求められるスタンダードといってよいでしょう。この章では，そうした力を身につけるための基本的な考え方を学びます。

第8章では，特に生徒指導や教育相談に関わる理論としての学校心理学と，日本版包括的生徒指導の実践方法としてのマルチレベルアプローチを中心に学んでいきます。

1　学校心理学とは

（1）学校教育と児童生徒を支える学校心理学

学校は，様々な年齢の児童生徒が集まり，集団で生活をしながら，様々な活動に取り組む場です。**学校心理学**（学校心理士認定運営機構，2020）は，このような学校で行われる様々な教育活動を理論的に裏付ける心理学であると同時に，心身ともに変化の大きいこの年代の児童生徒を理解し支えるための心理学です。つまり，学校心理学とは，学校における教育活動や子どもたちが直面している現実的な状況に対して，心理学的な視点から具体的な解決を提供していくことを目的とした学問です。なお，学校教育は学習指導と生徒指導の二つによって構成されており，学校心理学はこの二つの指導の基盤となるものですが，本章では生徒指導との関係に絞って論を展開していきます。

（2）学際的な心理学

医師には，理論やエビデンスに基づく医療を提供することが求められます。同様に教師にも，経験と勘ではなく，理論とエビデンスに基づく教育を提供することが求められます。それはどんな理論なのでしょうか。

学校にスクールカウンセラーが配置された当初，臨床心理学が脚光を浴びました。しかし，臨床心理学だけで学校で生じる問題を説明できるわけではありません。例えば学級内で生じたいじめについては社会心理学の視点から考えることが有益です。また，子どもに焦点を当てれば，学齢期は成長発達の著しい時期ですから，身体面や学習，思考能力の発達，アイデンティティ形成や対人関係の発達などを説明する発達心理学的な視点は欠かせません。この他にもカウンセリング心理学，学習心理学，教育心理学，キャリア心理学など，多くの学問に支えられているのが学校心理学です。こうした複数の心理学的視点から複眼的に事象を捉える点に，学校心理学の特徴があるとも言えます。

（3）学校という切り口

このように書くとあまりに壮大で，「自分には無理だ。」と思ってしまうかもしれません。しかし，それは杞憂です。私たちは教育心理学者や臨床心理学者ではなく教師を目指すわけですから，学校教育に必要な部分を切り取って使いこなせるようになればいいのです。理論的な学びに上限はありませんが，一方で基本的なことをしっかり理解していれば大きなところでは間違わなくなります。それはとてつもなく難しいものではなく，上に挙げたような各種の学問の基本的な理論を理解し，実際の教育活動に活用できれば十分に通用するということです。例えるなら教師は10種競技や５種競技の選手のようなものかもしれません。例えば，筆者がもっとも基礎的な理論として重視しているのは以下の４つの理論です。

（4）４つの理論

１つ目は**ソーシャルボンド理論**です。この理論は人を学級や学校などの社会集団につなぎとめているものは何か，という視点から様々な現象を理解しようとします。例えば不登校は，この理論では，児童生徒を学校につなぎとめるボンド（絆）が機能していないことを意味します。そのボンドには４種類あるとされていますが，代表的なものは，友人などとの情緒的絆である愛着と学校に通うことの現実的利益である投資です。近年，学校では行事の精選やCovid-19の影響で人間関係も希薄になりました。また，通信制高校が普及し，オンラインでの学習も可能になり，対面の授業に固執する必要はなくなりました。これらを愛着と投資という観点から考えれば，学校とのソーシャルボンドは確実に弱くなってきています。学校に通う意味や意義を再構築することが求められていることがわかります。

２つ目は，第６章で応用行動分析学として紹介されている行動理論です。この理論を適用すれば行動が生起する仕組みを理解することができますし，逆に，よい行動を生起させ習慣化するにはどうすればいいかがわかります。

３つ目は欲求理論です。マズローの欲求階層説では，一番のベースから，生理的欲求，安全欲求，愛と所属の欲求，承認欲求，自己実現欲求と５層が設定され，さらにその上に自己超越欲求を置く場合もあります。人間はこの欲求を充足させるために行動しますが，見落としてはいけないことは，基本的に下位の欲求の充足が上位の欲求充足の前提となるということです。言いかえれば，児童生徒が承認欲求や自己実現欲求の充足を目指して主体的に行動するようになるには，前提として，生理的欲求，安全欲求，愛と所属の欲求の充足が前提となるということです。マルチレベルアプローチ（Multi Level Approach；以下，「MLA」）では，この５つの欲求を充足する仕掛けを学校教育の中に組み込むことを意識して作られています。

４つ目は**愛着理論**です。これはパーソナリティの発達のもっとも根幹に位置するもので，自他への信頼や良好な人間関係の基盤ともなるものです。MLAでは「良質のコミュニケーションを大量に」「良質のコミュニケーションをシャワーのように」という言い方をしますが，これは愛着の課題の修正を意図している言葉です。図8-1の一番下にある「情緒的交流」はこのアプローチが愛着の修正や強化を意図していることを意味しています。

実際に学校で起こっている様々な問題に，ここに挙げた４つの理論を当てはめれば，いろいろなことが見えてきます。また，シンプルにいえば，安全な環境の中で，良質なコミュニケーションが豊かにあり，学習面においても行動面においても望ましい価値や行動が具体的に明示され，その価値に基づく行動が相互に賞賛・承認され，どのような場面でも助け合うような関係性が構築されるような仕掛けをつくれば，確実に成果は上がるわけです。

（５）学校心理学に支えられた実践志向の学問

学校心理学自体も実践志向性が強い学問ですが，自らの実践活動を学術的に検討し，理論を踏まえた実践を創造しようとする先生方も多くいらっしゃいます。例えば日本スクールカウンセリング推進協議会は，「すべての子どもの学業面，進路・キャリア面，心理・社会面，健康面における発達課題への取組を支援する」ことを目指す先生方が多く集まって活動する団体の連合体で，日本学校教育相談学会，学校心理士認定機構，日本キャリア教育学会，日本教育カウンセリング学会，日本カウンセリング学会，日本臨床発達心理士会が所属しています。他にも多くの学会や研究会があります。

成長し続ける教師は学び続ける教師です。学び続けることをお勧めします。

2　包括的生徒指導

（1）生徒指導の目的

生徒指導とは「社会的ルールなどを児童生徒に身につけさせること」であり，そのためには有無を言わせないような指導が必要だと思っている教師も少なくありません。しかし，**生徒指導提要（改訂版）**には，「**児童の権利に関する条約**」が引用され，子どもに関することが決められ，行われる時は，その子どもにとって最もよいことは何かが第一に考えられるべきことや，子どもは自分に関係のある事柄について自由に意見を表すことができ，大人はその意見を子どもの発達に応じて十分に考慮することが必要と書かれています。高圧的で有無を言わせないような指導はただの暴力であり，生徒指導ではありません。

では生徒指導とは何なのでしょうか。この点について生徒指導提要（改訂版）では，「生徒指導は，児童生徒一人一人の個性の発見とよさや可能性の伸長と社会的資質・能力の発達を支えると同時に，自己の幸福追求と社会に受け入れられる自己実現を支えることを目的とする」と書かれています。つまり児童生徒が個性・よさ・可能性を伸ばすことで幸福をつかめるように導くこと，そしてその自己実現が社会に受け入れられるものとなるように社会的な資質や能力の発達を支えていくのが生徒指導と理解できます。

（2）包括的生徒指導とは：二重の包括性

包括的生徒指導とは，学校心理学に支えられた生徒指導実践そのものということができます。包括的とは児童生徒の心理面・学習面・社会面・進路面・健康面の５領域すべてを包括するという意味です（文部科学省，2022)。「学習がなぜ生徒指導なのか」と思われたかもしれませんが，学習指導は教科内容の指導だけで成り立つわけではなく，学習への興味・関心，学習意欲・学習態度などを育成する必要があり，それは生徒指導が深く関わるからです。

一方で，個々の児童生徒に目を向ければその発達や状態は一人一人違います。５つの領域毎に，健康度の高い児童生徒も，不安定な要素をもつ児童生徒も，危機的な状況にある児童生徒もいます。このように多層的な状態にあるすべての児童生徒を包括するには，多層性を前提した生徒指導を展開する必要があります。つまり包括的生徒指導とは５領域を包括するとともに，多層性のある児童生徒を包括するという二重の意味があるといえるでしょう。

（3）生徒指導の課題

欧米やアジアの多くの国や地域で包括的生徒指導モデルが採択されています。この点で日本は大きく出遅れていましたが，生徒指導提要（改訂版）では，包括的生徒指導モデルが今後の中心モデルになることが明確に示されました。

しかし，具体的な方法や進め方については明示されていません。学習指導については学習指導要領があり，それに基づいて教科書が作成され，その教科書に基づいて教師は授業実践を考えるわけですが，生徒指導の基本書である生徒指導提要には法的拘束力はなく，教科書に当たるものもありません。加えて大学での生徒指導関係の授業はかなり貧弱です。教科書もなく十分な学習機会もなければ，その実践は手さぐりにならざるを得ません。本質的には行政的な取り組みの充実が求められますが，それを待っていることもできません。教師になろうと考える人たちには，主体的な学習が求められると考えます。

（4）マルチレベルアプローチ（MLA）

日本でも，カウンセリング，学級経営，特別支援，授業づくり，スキルトレーニング，ピア・サポートなどの生徒指導の方法について，多くの書籍が発刊されています。しかし，それらは特定の内容に特化した専門書であり，包括的生徒指導という枠組にどのように位置づくのかという視点を踏まえて書かれた

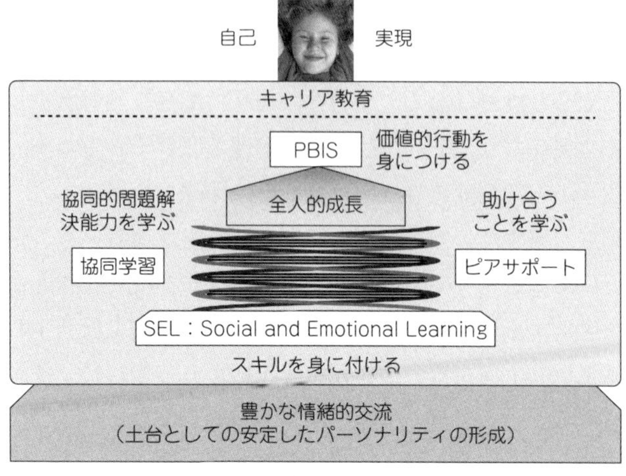

図 8-1　MLA の成長支援に関わる全体像

ものではありません。ですから，それらの書籍を読んでも，全体像つまりは設計図がわからない状態ですから，霧の中を手探りで試行錯誤をしているような状態になってしまうわけです。

MLA は，こうした状態に解決を提供するべく，学校心理学や教育相談学を理論的基礎として，筆者の19年間の教師経験，世界の生徒指導実践の視察，多くの学校との共同実践研究，多くの実践的研究者や研究的実践者との協議を踏まえて，日本でも実践可能な，包括的生徒指導モデルの「教科書」として開発しました。その基本的な構造を図 8-1 に示しました。本書でも第11章に実践が紹介されています。

（5）MLA と一次的・二次的・三次的生徒指導

学校心理学では，支援対象者をその援助ニーズの大きさから三層に分け，それぞれに対して援助サービスを行うという考え方をします。この考え方自体は世界標準の考え方であり，MLA でも活用されます。ただ，MLA では，こうした考え方とともに，生徒指導を教師の活動内容という視点から一次的・二次的・三次的生徒指導に分類します。

一次的生徒指導とは，集団を対象として一人一人を強くたくましくしなやかに成長させるための教育的支援活動です。二次的生徒指導とは，集団を対象として相互支援的関係を育むための教育的支援活動です。三次的生徒指導とは，課題をもつ個々の児童生徒の適応を促進するための支援活動です。

ところで欧米やアジア諸国では一般的に常勤のスクールカウンセラーやスクールソーシャルワーカーが複数配置されていますが，日本では基本的には小学校や高校には配置がなく，中学校でも週１日程度です。こうした状況で心理学的な教育を受けていない教師が十分な適応支援を行うこと自体が困難です。MLA という発想に行き着いたのは，適応支援のためのリソースが極度に限定的な日本の現実の中で，それでも児童生徒を支えきるためには，適応支援が必要な状態に陥らせないこと，つまり，個人としての十分な成長と相互支援的関係の開発が重要と考えたからです。そうすることで適応支援が必要な児童生徒を可能なかぎり最少化すること，それでも適応支援が必要になる児童生徒に対してはチームを組んで手厚い適応支援をするということを考えたわけです。

児童生徒を援助ニーズの大きさという視点で理解することは重要ですが，その視点だけですと，教師は何をするのかという点についての具体性が弱いと私は感じていました。そこから，このような一次的・二次的・三次的生徒指導という枠組みを考えたわけです。

（６）一次的生徒指導の具体的な活動

MLA の一次的生徒指導は，主に心理的・社会的側面での個人の成長を意図して，学級全体に働きかけます。具体的活動としては，PBIS（Positive Behavior Intervention and Support；肯定的な行動介入と支援）と SEL（Social and Emotional Learning；社会性と情動の学習）を主要な活動と位置付けています。

PBIS については第10章で事例が紹介されています。PBS となっていますが，同じものと言って差し支えありません。第７章の応用行動分析学は PBIS の背景理論そのものです。MLA の一次的生徒指導では Tier1（第１層支援）の取組を行います。取り上げる価値は学校や学年で可能な限り統一することが望ましいです。なお，PBIS の Tier2（第２層支援）は適応支援ですので三次的生徒指導に位置付きます。

SEL については第９章で紹介されています。対人関係などの社会性に関わる内容だけでなく，感情の理解・統制・表出の学習が含まれていることが非常に重要です。SEL についてはデータ的にも月一回程度の実践で落ち着いた学級づくりが進みます。また，これにショート SEL という形で10分程度の活動を週１回程度組み合わせて実践した学校では，さらに大きな効果を上げています。

スキルがなければ問題解決はできません。そこに対応するのが SEL です。しかし，スキルがあってもそのスキルを自己成長・他者支援という方向に用いることが重要です。そこに対応するのが PBIS です。

（７）二次的生徒指導の具体的な活動

MLA の二次的生徒指導は，相互支援的な関係を通じての個人の成長や集団の成長を意図して，学級全体に働きかけます。学校心理学は個に焦点が当たる傾向があり，集団をどう育てるかという視点は必ずしも強くありません。そこをカバーする視点が MLA の二次的生徒指導にはあります。MLA では学習場面での協同学習と生活場面でのピア・サポートを推奨しています。ただ，相互支援的な関係が生まれるのであれば，いろいろな実践が可能ともいえます。

MLA 型の協同学習の詳細については別書（栗原，2017；沖林，2017）に譲りますが，豊かな情緒的交流を基盤とした基本的信頼関係が学級の中に基盤としてあること，その上で，「わからない」ことを「わからない」といえるような協同の仕掛けを授業に組み込むことが重要だと考えています。なぜなら，「わからない」ことを表出しなければ，そもそも協同も助け合いも生まれないからです。

また，最近では**学習の個別最適化**，とりわけ「**学習の個性化**」に向けた工夫が求められるようになりました。これまで学習のゴール，教材，方法といった学習のプロセスは，基本的に教師が選択し教師が調整すると考えられてきましたが，学習の個性化では児童生徒自らが調整すると考えられています。

協働的な学びと個別最適な学びを一体的に充実させ，具体的な授業を作っていくことが教師に求められているわけですが，それを可能にする理論的枠組みとしては，**UDL（Universal Design for Learning；学びのユニバーサルデザイン）**の考え方が役に立ちます。

ピア・サポートについてですが，生活場面での助け合い・支えあいを通じて，思いやりを行動化できる児童生徒を育てること，その結果として学校や学級というコミュニティ自体を育むことを目的とする活動です。これも詳細は別書に譲りますが，目標を達成するための活動の大枠を決めたら，必要なトレーニングを行い，個人としての活動のプランを立て，実際にサポート活動をし，振り返りを行って更なるサポート活動につなげるという PDCA サイクルが組み込まれた活動です。その中で児童生徒は実行能力を高めていきます。

二次的生徒指導の前提となるのは，豊かな一次的生徒指導実践です。一次的生徒指導における PBIS で思いやりや責任を育て，SEL でそれらを実現するためのスキルを学びます。学んだ価値観やスキルは協同学習やピア・サポートの中で実践化され，結果として豊かな関係性を生んでいくことになります。

（8）三次的生徒指導の具体的な活動

MLA の一次的・二次的生徒指導は児童生徒の成長支援を目的としますが，三次的生徒指導は，児童生徒の適応支援を目的とします。また，三次的生徒指導は適応支援を目的に，教師が，児童生徒やその環境に働きかける活動です。この活動の対象者は，個人的な支援が必要と考えられる児童生徒です。学校心理学での三次的支援サービスの対象者を中核としながらも，もう少し広い範囲を想定しています。例えば PBIS で Check in Check out という活動があります。この活動は学校心理学では２次的援助サービスの対象になりますが，三次的生徒指導の対象になります。

三次的生徒指導は児童生徒個人個人に対する適応支援ですので，何をするかは児童生徒の課題によって決まることになります。その際重要になることは，後述するアセスメントになります。

3　的確で豊かな教育実践のために

（1）生徒指導はチームで取り組む

生徒指導提要（改訂版）では生徒指導を**2軸3類4層**に分けています。図8-2の課題早期発見対応や困難課題対応的生徒指導は特定の児童生徒に対する適応支援ですが，生徒指導提要（改訂版）では，「課題早期発見対応や困難課題対応的生徒指導における組織的対応の有効な方法の一つとして，チーム支援があります」とあり，チームで取り組むことが重要とされています。

ただ，それだけではありません。生徒指導提要（改訂版）には，「全ての児童生徒を対象とする発達支持的生徒指導及び課題未然防止教育においても，生徒指導と教育相談の連携を核に多職種との協働に基づく取組をチームとして展開することの重要性は言うまでもありません」と書かれています。つまり，すべての児童生徒を対象とした「先行的・常態的」な活動，言いかえれば日常の学級経営や授業などでも，学年や学校として生徒指導と教育相談が統合された活動であることが重要であるとされています。

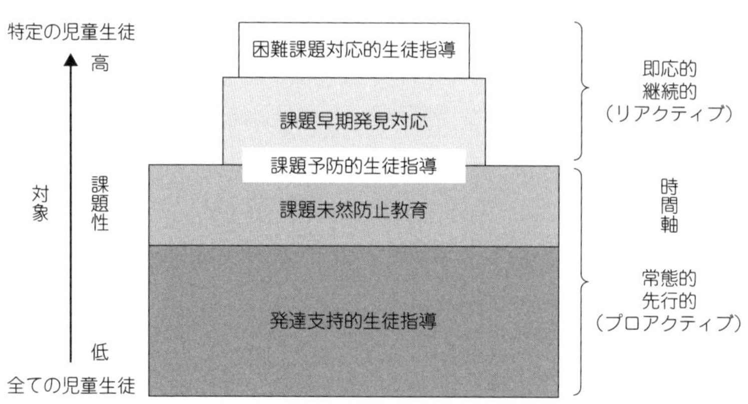

図8-2　生徒指導の重層的支援構造

出典：『生徒指導提要（令和4年12月）』，p. 19。

（2）アセスメントの重要性

チーム支援について，今回の生徒指導提要では，「チーム支援の特色として，次の２点が挙げられます。第一は，生徒指導上の課題に取り組んでいる児童生徒一人一人に対して，保護者，学校内の複数の教職員，関係機関の専門家，地域の人々等が，アセスメントに基づいて，支援チームを編成して，課題予防や困難課題対応を行います。第二に，チーム支援は，組織的・計画的に実践されます。チーム支援のプロセスは，① チーム支援の判断とアセスメントの実施，② 課題の明確化と目標の共有，③ チーム支援計画の作成，④ 支援チーム実践，⑤ チーム支援の終結・継続として捉えることができます」（pp. 27-28）と書かれています。これを読めば，アセスメントがチーム支援の土台となっていることが理解できます。実際，同書では，「アセスメントに基づいて，『チーム支援計画』が作成されるので，アセスメントは，チーム支援の成否の鍵を握っているといっても過言ではありません」（p. 90）と書かれています。

アセスメントとは，物事を客観的に評価・査定するといった意味ですが，その際に必要となるのがデータと理論です。データには大きく二種類あります。一つ目は面接やインタビュー，観察などに戻づく質的なデータです。このデータは最も基本的なものですが，見逃してしまう部分や主観的な要素が入り込みやすい面があります。二つ目が数量的なデータです。学校で容易に手に入るデータとしては，遅刻，欠席，成績，保健室の利用回数などです。

また，文部科学省は2023年３月に誰一人取り残されない学びの保障に向けた不登校対策として「COCOLO プラン」を発表し，その中で学校風土の「見える化」をすすめる必要性を指摘しています。そのためのツールも５つ紹介していて，その中に筆者らの開発した学校適応感尺度「**アセス**」も入っています。アセスの特徴は**学校適応感理論**（大対・大竹・松見，2007）に基づいて作られていること，学校適応を生活満足感・友人サポート・非侵害感・教師サポート・学習的適応・向社会的スキルの６つの主要な側面から多角的に捉えていること，そのためどのような側面から支援を組み立てればよいかを考えやすいこと，他の尺度に比べていじめ・自死・不登校という学校の三大リスクを直接的に把握可能なこと，家庭での適応状態について直接的な質問を用いずに把握できること，圧倒的に安価なため繰り返しの測定が容易で実践の改善につなげやすいことなどをあげることができるでしょう。

アセス以外にも様々な尺度があります。何を見える化する必要があるのかを考えて，必要な尺度を活用するという視点も重要です。こうして得られたデータを統合的に解釈することがアセスメントですが，その際に，学校心理学の様々な理論が役に立つことになります。アセスメントは，教育実践の基盤です。これは適応支援においても成長や発達の支援においても同じです。データを収集し，理論に基づいて解釈し，理論的に妥当な実践を創造することが，これからの教師には求められます。

まとめ

児童生徒の問題が多様化・深刻化している今日，教師には経験や勘のみに頼らず，エビデンスや理論に基づいて児童生徒を理解し，また，エビデンスや理論に基づいて実践を創造していくことが求められます。学校心理学は，そのために，様々な心理学や理論を土台として発展してきた学問領域です。学校心理学を学び，活用し，すぐれた教育実践を生み出すことが必要です。

引用文献

学校心理士認定運営機構（編）（2020）．学校心理学ガイドブック　第4版　風間書房

文部科学省（2022）『生徒指導提要（令和4年12月）』 https://www.mext.go.jp/a_menu/shotou/seitoshidou/1404008.htm（2023年7月10日閲覧）

栗原 慎二（編著）（2017）．マルチレベルアプローチ だれもが行きたくなる学校づくり――日本版包括的生徒指導の理論と実践――　ほんの森出版

栗原 慎二（2020）．教育相談コーディネーター――これからの教育を創造するキーパーソン――　ほんの森出版

栗原 慎二・井上 弥（2023）．ダウンロード版 アセス（学級全体と児童生徒個人のアセスメントソフト）の使い方・活かし方　ほんの森出版

大対 香奈子・大竹 恵子・松見 淳子（2007）．学校適応アセスメントのための三水

準モデル構築の試み　教育心理学研究，**55**，135-151.
一般社団法人スクールカウンセリング推進協議会
https://jsca.guide/（2023年９月１日閲覧）

資料

COCOLO プランと Assess については，下記資料を参照してください。

文部科学省（2023）．誰一人取り残されない学びの保障に向けた不登校対策（COCOLO プラン）について
https://www.mext.go.jp/a_menu/shotou/seitoshidou/1397802_00005.htm　最終閲覧日2023年８月12日
文部科学省（2023）．【別添２】学校風土の把握ツール
https://www.mext.go.jp/content/20230801-mxt_jidou02-000028870_8.pdf　最終閲覧日2023年８月12日

MLA 型の協同学習については，下記資料を参照してください。

沖林洋平（2017）マルチレベルアプローチ型の学習　栗原慎二（編著）マルチレベルアプローチ だれもが生きたくなる学校づくり――日本版包括的生徒指導の理論と実践――（pp. 50-61）ほんの木出版

（栗原慎二）

第9章
SEL（社会性と情動の学習）

学びのポイント

・SEL の定義と，その概要について理解できる。
・日本で SEL を実施する必要性について理解を深める。
・SEL を実施する上のポイントを理解できる。

キーワード☞良き市民，SEL コンピテンシー，一次的援助サービス，社会情動的スキル，ロールプレイ，学習内容の般化・定着，教育課程への位置づけ

「SEL の理想的な実践の姿とは？」

下の図は，SEL で育成を目指す 5 つの能力（SEL コンピテンシー）と環境の関係を示したものです。この図によって，SEL がどのように実践されていくのが理想的なのかをよく表しています。本章を読んで，SEL の実践について考えてみましょう。

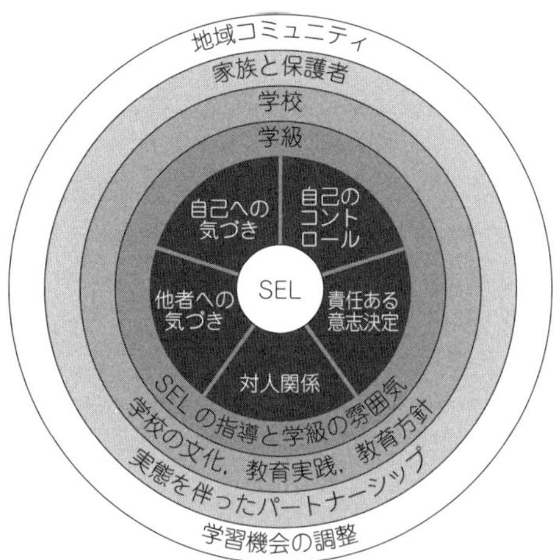

図 9-1　SEL で育成を目指す 5 つの能力と環境の関係

出典：CASEL（n.d）（渡辺・小泉（編著）（2020）参照）。

2022年12月に改訂された『生徒指導提要』（文部科学省，2022）の中で，SELが初めて紹介されました。この章では，今後，学校教育での普及が期待されるSELについての理解を深めます。

1　SELとは

（1）SELの定義

SELとは，Social and Emotional Learningの略で，「社会性と情動の学習」や「ソーシャル・エモーショナル・ラーニング」などと呼ばれています。SELの普及を推進するCASEL（The Collaborative for Academic, Social, and Emotional Learning）というアメリカの団体によると「すべての子どもや大人が，健康なアイデンティティを発達させること，情動（感情）をコントロールして個人や集団の目標を達成すること，他者への思いやりを持ちそれを表すこと，支持的な関係をつくりそれを維持すること，そして責任と思いやりのある決定ができるように，知識とスキルと態度を身につけて使えるようになる過程」（CASEL, n.d.）と定義されています。日本では，「自己の捉え方と他者との関わり方を基盤として，社会性（対人関係）に関するスキル，態度，価値観を身につける学習」と，やや簡潔に定義されています（小泉，2011）。

SELは特定の学習プログラムではなく，多くの学習プログラムの総称です。実際に，世界中に多くのSELプログラムがあります。これらの学習プログラムで目指しているのは，「良き市民」の育成です（小泉，2011）。「良き市民」とは，変化の激しい社会を生き抜くために必要な"知識と知性"，多様性を認め合う共生社会において求められる"思いやり"，そして，あらゆる場面で責任をもって適切な判断と実行ができる"責任感"を有した，心身ともに"健康"な市民です。SELでは，文化や宗教にかかわらず民主主義社会を生きる一人の市民として求められるこれらの特徴を，獲得できるようにすることを目指しています。

（2）SEL でねらう 5 つの能力

SEL では，CASEL によって 5 つの中心的な能力（SEL コンピテンシー）が示されています。それは，自己への気づき（self-awareness），他者への気づき（social awareness），自己のコントロール（self-management），対人関係（relationship skills），責任ある意思決定（responsible decision-making）です。各能力の詳細は表 9-1 の通りです。5 つの能力は互いに関連しており，この中のいくつかの能力の育成が目標となっている学習プログラムは，SEL プログラムとして位置づけられています。

2　SEL プログラムとその効果

（1）SEL に含まれるプログラム

SEL プログラムには，様々な学習プログラムがあり，CASEL のサイトだけでも，約80のプログラムが紹介されています（2023年段階；https://casel.org/参照）。有名なプログラムには，PATHS（Promoting Alternative Thinking Strategies）や RULER アプローチなどがあります。CASEL における SEL の分類基準は，適用対象年齢区分以外には定められていません。日本での SEL の分類方法は，小泉（2016）が表 9-2 に示すように，観点によって異なり，なにを SEL プログラムとするのかという判断基準にも幅があります。小泉（2015）では，日本における SEL プログラムは，構成的グループエンカウンター（Structured Group Encounter）や社会的スキル学習（Social Skills Training：以下，SST とする）などの心理学的手法の名称を冠するもの，アンガーマネジメント教育，CAP プログラムなど特定の問題行動等の予防を目指したもの，ライフスキル教育や SEL-8S（SEL of 8 Abilities at School）プログラムなどの全般的な社会的能力の育成を目的にするものの 3 つに分類しています。これらのプログラムの多くは，学校や学級単位での実施を想定しており，学校心理学領域の心理教育的援助サービスにおける一次的援助サービスに位置づけられます。

表 9-1　SEL コンピテンシーの説明と具体例

能力	説明	具体例
自己への気づき	自分の感情（情動），思考，価値観と，それらが状況全般における行動にどのように影響を及ぼすかを理解する能力。これには，十分な根拠のある自信と目標のもと，自分の長所と限界を認識する能力を含む。	・個人的アイデンティティと社会的アイデンティティの統合 ・個人的・社会的・言語的な強みを明らかにすること ・感情（情動）の特定 ・正直さと誠実さを示すこと ・感情，価値観，思考を結びつけること ・偏見や先入観の吟味 ・自己効力感の体験 ・成長への考え方を持つこと ・興味と目的意識を育むこと
他者への気づき	多様な背景や文化や文脈を持つ者を含めて，他者の視点を理解し，共感する能力。これには，他者への思いやりをもち，様々な状況での行動に関するより広範な歴史的および社会的規範を理解し，家族，学校，および地域コミュニティのリソースとサポートを認識する能力を含む。	・他者の視点をとること ・他者の強みの認識 ・共感と思いやりを示すこと ・他人の気持ちに関心を示すこと ・感謝の気持ちを理解し，表現すること ・不正なものを含む多様な社会規範の特定 ・状況に応じた要求とチャンスの認識 ・行動に対する組織やシステムの影響の理解
自己のコントロール	様々な状況で自分の感情（情動），思考，行動を効果的に調整する能力。これには，個人および集団の目標達成のための，満足遅延，ストレス管理，そしてモチベーションとエージェンシーを感じる力を含む。	・自分の感情（情動）の管理 ・ストレス管理方略の特定と使用 ・自己鍛錬と自己動機づけを示すこと ・個人及び集団の目標設定 ・計画と組織化のスキルの使用 ・率先して行動する勇気を示すこと ・個人および集団のエージェンシーを示すこと
対人関係	健全で協力的な関係を確立および維持し，多様な個人やグループとの設定を効果的に導く能力。これには，明確にコミュニケーションを行い，積極的に耳を傾け，協力し，問題解決と建設的な紛争の交渉のために協力して作業し，異なる社会的および文化的な要求と機会を伴った状況をナビゲートし，リーダーシップを発揮し，必要に応じて助けを求めたり提供したりする能力を含む。	・効果的なコミュニケーション ・好ましい関係の構築 ・文化的能力を示すこと ・チームワークと協働的な問題解決の実践 ・衝突の建設的な解決 ・好ましくない社会的圧力への抵抗 ・グループでのリーダーシップの発揮 ・サポートと支援の希求または提供
責任ある意思決定	様々な条項での個人的行動や社会的相互作用について，思いやりのある建設的な選択をする能力。これには，倫理基準と安全上の懸念を考慮し，個人的，社会的，および集団のウェルビーイングのための様々な行動による利益と結果を評価する能力を含む。	・好奇心とオープンマインドの表出 ・個人的および社会的問題の解決策の特定 ・情報，データ，事実を分析した後，合理的な判断を下すための学び ・自分の行動の結果についての予測と評価 ・批判的思考のスキルが学校内外でどのように役立つかの認識 ・個人，家庭，地域社会のウェルビーイングを促進するための自分の役割についての振り返り ・個人的，対人的，コミュニティ，および制度による影響の評価

出典：小泉（2022a）より抜粋。

表 9-2　日本における SEL プログラムの分類の例

山崎・戸田・渡辺（2013）a	Ikesako & Miyamoto（2015）b	小泉（2015）c
独立した教育名をもつもの ・ソーシャル・スキル・トレーニング ・構成的グループ・エンカウンター ・ピア・サポート ・トップ・セルフ ・サクセスフル・セルフ 問題の予防に焦点を当てたもの ・さまざまな問題を包括的に予防するもの ・特定の問題の予防に焦点化したもの よい側面の伸長に焦点化したもの ・ポジティブ心理学の影響を受けたもの ・社会性と情動の学習（社会・感情学習） ・よい側面別の教育	授業で指導するもの ・社会性と情動のスキルを向上させるもの ・主要教科に組み込んだもの ・ピア・サポート 課外活動で実施するもの ・部活動や他の放課後プログラム ・見習い実習制度，職業訓練 学校・学級風土が間接的に影響するもの ・メンタリング ・ボランティア活動 ・野外冒険プログラム	心理学的手法の名称を冠するもの ・構成的グループエンカウンター ・社会的スキル学習 ・アサーショントレーニング ・ストレスマネジメント教育 特定の問題行動等の予防目的 ・アンガーマネジメント教育 ・CAP プログラム ・ピア・メディテーション 全般的な社会的能力の育成目的 ・セカンド・ステップ ・ピア・サポートプログラム ・ライフスキル教育 ・トップセルフ ・サクセスフルセルフ ・SEL-8S プログラム

注：a：目次より　b：研究のまとめの表より　c：本文より
出典：小泉（2016）より抜粋。

（2）SEL の効果

SEL プログラムは世界的に実践研究が進められており，多くの成果が報告されています（小泉，2022b）。例えば，幼稚園から小学校 6 年生を対象とした PATHS では，問題行動や精神的な問題の減少に加えて，社会的に好ましい行動の増加や学習面の改善などが示されています。また，幼稚園から中学 2 年生までを対象とした RULER アプローチでは，実践によって問題行動の減少，社会的行動の改善，学力の向上が示されています。こうした SEL プログラムの実践効果をまとめて統計的に分析するメタ分析の結果，SEL を実施することで，主に，社会情動的スキルの向上，態度や行動の変容，情緒的な問題の減少，学力の向上の効果が示されています（Durlak et al., 2011）。

日本におけるメタ分析では，SEL プログラムを受けた子どもの約 6 割が，受けなかった子どもの変化に比べて，SEL スキル（自己への気づき，他者への気づき，自己のコントロール，対人関係，責任ある意思決定），社会性，暴力行動，情緒問題に改善が見られたとしています（瀧澤・松本・石本，2022）。

3　SEL の必要性

（1）子どもを取り巻く環境の変化

対人関係を含む社会性の育成は，主に家庭や地域社会でのやり取りを通して自然に行われてきました。しかし，急激な社会の変化によって，子どもを取り巻く家庭や地域社会の環境も変化しています。まず，家庭では，核家族化や少子化，共働きなどの影響によって，家庭内で子どもに関わる大人の数が少なくなっています。次に，地域社会で子どもが遊ぶ場面を考えてみると，昔は，公園で大人数の異年齢集団が鬼ごっこなどをして遊ぶ姿が一般的でした。しかし，現在は固定化された同年齢の小集団でゲームをして遊ぶ姿がよく見られます。そもそも塾通いなどの影響によって遊ぶ機会も減ってきています。日常生活においては，例えば，スーパーマーケットではセルフレジが導入されたことで，コミュニケーションを介さなくても，買い物ができるようになりました。このように，今と昔を比較すると，家庭や地域社会でのコミュニケーションの質と量が変化しており，子どもの社会性が育ちにくい状況になっていると言えます。不登校児童生徒数や暴力件数の増加などの学校不適応問題の背景には，こうした社会性の未熟さが一因として必ず挙げられています。

（2）社会情動的スキル

近年，教育現場において社会情動的スキル（social and emotional skills）の育成が注目されています。社会情動的スキルとは「目標の達成，他者との協働，感情のコントロールなどに関するスキル」（OECD, 2015）と定義されています。これまで学校教育で重視されてきた思考力などを含む認知的スキルとは異なる

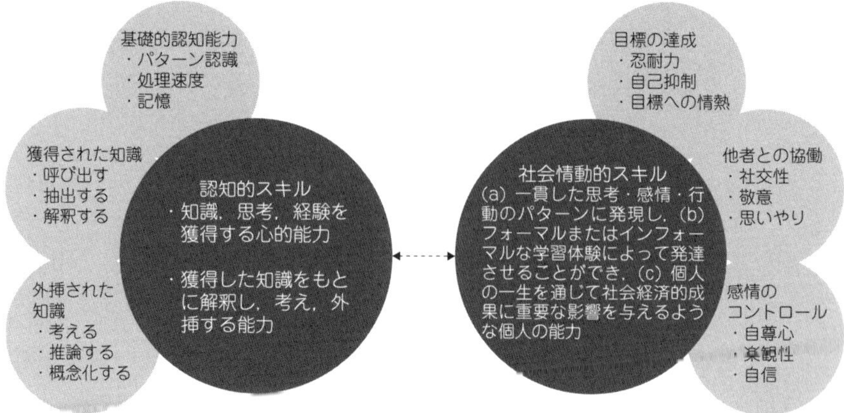

図 9-2　認知的スキルと社会情動的スキルのフレームワーク

出典：OECD（2018）より抜粋。

ことから，非認知的スキルと呼ばれることもあります（図 9-2）。認知的スキルと社会情動的スキルは，どちらも学業達成や学力テストの成績，失業率や収入，主観的ウェルビーイングなどの幅広い指標に影響を与えます（OECD, 2015）。しかし，近年，特に社会情動的スキルが，認知的スキルを機能させる重要な基盤であるほか，将来の職業上の成功を決める上で，認知的スキル以上の直接的な影響があることが示されています（白井，2020）。

その中でも1960年代から実施されたペリー就学前計画による報告は，社会情動的スキルへの関心を高める大きなきっかけとなりました。ペリー就学前計画では，貧困地域に住む教育上のリスクが高い子どもとその家庭を対象に，質の高い就学前教育を実施した一連の調査研究です。同地区に住む家庭をランダムに実験群と統制群に分けて，対象の子どもが40代になるまで追跡調査を行いました。その結果，40代の時点で質の高い就学前教育を受けた実験群の方が，統制群よりも，犯罪率が低く，高い年収と高い持ち家率などを示しました。小学校中学年段階で，実験群と統制群の子どもの IQ には差がなかったにもかかわらず，40 代の人生に大きな差が見られたことから，この差は，質の高い就学前教育によって育成された自制心や粘り強さといった社会情動的スキルによるものであると説明されました。

こうした科学的な根拠に加えて，社会情動的スキルへの社会的要請が高まっています（秋田，2020）。例えば，AIへの代替が困難な仕事として，複雑なコミュニケーションを要する仕事が挙げられています。他者と協働して困難な課題達成をするためには，他者の視点取得や粘り強さが重要です。また，移民の増加などにより，民族的・文化的・言語的な多様性が増大する社会においては，他者への共感性や相互理解がより一層求められます。ITやAI技術が急速に進化し，将来の予測が困難な現代社会においては，社会情動的スキルの重要性がますます高まることが予想されます。

（3）学校適応支援としてのSEL

以上のように，子どもを取り巻く環境の変化によって，子どもの社会性の未熟さが指摘されています。一方で，社会を生き抜くためには，社会情動的スキルがますます重要となっています。こうしたことから，子どもの発達に即して，社会情動的スキルを意図的・計画的に学校現場で育成する必要性が高まっています。そして，2022年12月に改訂された生徒指導提要（文部科学省，2022）では，学校適応のための働きかけとして，子どもの社会性の発達を支援するプログラムの実施が推奨され，その一つとしてSELが紹介されました。

4　SELの実践について

（1）学習の流れ

ここからは，SELプログラムの学習方法について説明します。世界には数多くのSELプログラムがありますが，プログラムごとに基盤とする理論や考え方が異なっています。ここでは，日本のSEL-8Sプログラム（小泉・山田，2011）を参考に学習方法を説明します。SEL-8Sプログラムは「学校における8つの社会的能力育成のための社会性と情動の学習」であり，8つの社会的能力の育成を目指しています（小泉，2011）。そのうち，5つの基礎的社会的能力（自己への気づき，他者への気づき，自己のコントロール，対人関係，責任ある意思決定）はCASELが示す5つの能力に該当します。また，3つの応用的

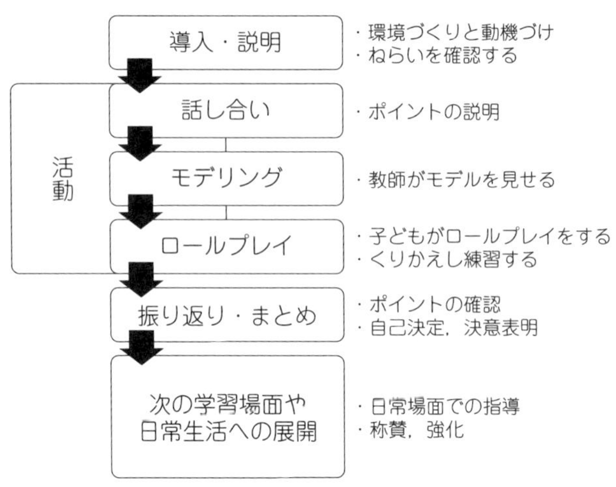

図 9-3　SEL-8S プログラムにおける学習の流れ

社会的能力（生活上の問題防止のスキル，人生の重要事態に対処する能力，積極的・貢献的な奉仕活動）は，汎用的で日常の様々な場面で必要な社会的能力であり，５つの基礎的社会的能力をもとにしたより複合的で応用的な能力です。

SEL-8S プログラムでの一般的な学習の流れは，① 導入・説明，② 活動，③ 振り返り・まとめの順に展開されます（図 9-3）。この流れは，SST 技法であるコーチング法がベースとなっています。

① 導入・説明段階では，学習する環境づくりと動機づけを高める働きかけを行います。SEL では，ロールプレイや話し合いなどの活動を多く行います。そのため，導入段階で，子どもの緊張感を和らげ，安心して活動できる環境づくりが必要です。また，子どもが学習内容の必要性を理解することで，学習に対するやる気が高まります。例えば，感情のコントロールに関する学習を行う際には，感情に任せた行動によってトラブルに発展した経験を振り返ったり，感情のコントロールが必要な身近な場面を取り上げたりして，学習内容の必要性を子どもに認識してもらいます。

② 活動段階では，話し合い，モデリング，ロールプレイによる練習，気づきを促すゲームなどを行います。話し合いでは，学習のねらいに関する望ましい行動のポイントについて話し合います。例えば，他者の感情理解においては，

他者の感情理解の手がかり（どこを見たら相手の気持ちがわかるのか）を考えます。他にも，望ましくない例を提示したり，実際にその場面を演じること（ロールプレイ）によって，話し合いに向けた理解を深めることもあります。

モデリングでは，教師が実際に望ましい行動の手本（モデル）を示します。望ましい行動のポイントがわかるように，言葉での説明を加えながらモデリングを行います。

ロールプレイでは，望ましい行動を子どもが繰り返し練習します。SST では行動リハーサルと呼ばれます。望ましい行動のレパートリーが増えるように，場面や相手を変えて何度も繰り返します。

最後の③振り返り・まとめの段階では，学習したポイントを確認する他，学習の感想などをグループや学級全体で交流します。また，日常生活での活用を促すための声かけも大切です。その際，子どもに学習したスキルを日常生活のどのような場面で活用するのか決意表明してもらうことがあります。

（3）ロールプレイの重要性

SEL の活動では，ロールプレイがとても重要です。ロールプレイは，モレノ（Moreno, J. L）が考案した集団療法である心理劇（サイコドラマ）の技法の一つであり，設定された現実に近い場面で，自発的に役割を演じることです。SEL で行うロールプレイには，２つの目的があります。

１つ目は，望ましくない場面でのロールプレイを行い，自他理解を深めることです。例えば，対人関係の基本となる“聞き方”について，自分の話を興味のない様子で聞かれたときのロールプレイを行うことで，気づくことのできなかった自分や相手の気持ちを知ることができます。ある研究では，ロールプレイを体験することにより，他者の視点や意図などのイメージ化が容易になり，他者視点の理解が深まることがわかっています（古見・子安，2012）。こうしたロールプレイの経験をもとに，望ましい行動（例えば，望ましい聞き方）のポイントを話し合って考えることができます。

２つ目のロールプレイの目的は，望ましい行動を身につけることです。望ましい行動を頭で理解していても，現実場面になると適切に行動できないことがあります。例えば，困っている人には声をかけることが大切だと理解していても，実際の場面になると声をかけられないことがあります。そのため，現実に近い場面を設定して，ロールプレイにより，望ましい行動を繰り返し体験することで，望ましい行動を身につけることができます。

こうした能動的な体験を伴う学習は，記憶に残りやすいということがエドガー・デールの学習の法則（Dale, 1969）によって提唱されています。デールによると，読む・聞くなどの受動的な学習は２週間後には10〜30％しか記憶に残らないのに対して，ロールプレイのような能動的な学習は，２週間後になっても70〜90％の内容を覚えているというのです。つまり，SEL での学習内容を言葉で教えるよりも，ロールプレイを通して学ぶ方が記憶に残りやすく効率的なのです。

（４）教育課程への位置づけ

SEL を実施する場合，特別活動（学級活動，学校行事など）に位置づけられることがよくあります。また，総合的な学習の時間（高校では，総合的な探究の時間）に中心となる活動の事前指導の一部として，SEL が実施されることがあります。その他，教科のねらいに即して教育課程に位置づけることが可能です。例えば，ライフスキル教育では，飲酒防止や喫煙防止など健康教育に関する内容が含まれています。これらは，中学校保健体育科の保健分野「喫煙，飲酒，薬物乱用と健康」（文部科学省，2019）での適用が考えられます。

次に，年間計画の立案についてです。SEL を何回実施したらよいかについては，十分な検討がなされていませんが，少なくとも年に数回程度の実施では十分な効果が期待できません。SEL プログラムの実施回数とその効果を検討した小泉・山田・箱田・小松（2013）によると，年間６回以下の実施では効果が一定しないのに対して，年間７回以上の実施が安定した効果を示すとされています（図 9-4）。このことを踏まえると，学校現場で SEL を展開する際には，月１回程度の実施を想定した年間計画の立案が望まれます。

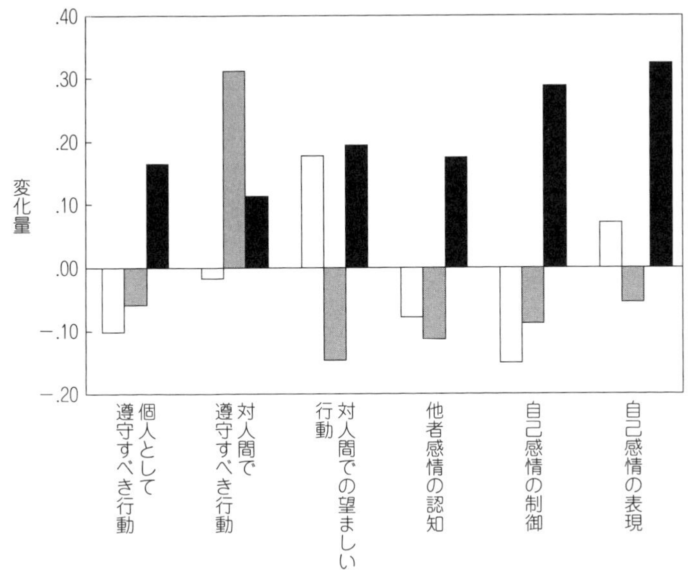

図 9-4　SEL の実施回数による効果

出典：小泉・山田・箱田・小松（2013）。

5　学習内容の定着に向けて

SEL の学習内容の般化や定着を促すためには，図 9-3 にも示しているように，次の学習場面や日常生活への展開を図るための学習後の働きかけが重要です。このことについて，小泉（2016）は図 9-5 を用いて説明しています。学習内容に関する行動の変容は，日常場面での教師による指導と称賛によって促されます。その際，教師は日常生活での活用を促す働きかけが重要となります。例えば，SEL の学習内容の活用が期待される学習場面で想起させる声かけを行うほか，学習内容を示した掲示物（ポスター）を教室内外に掲示し，意識づけを図ります。こうした意識づけを学校だけではなく，家庭や地域社会に広げることも有効です。例えば，SEL の学習内容を保護者に学級通信で伝えて，家庭内の話題として取り上げてもらうことができます。また，すでに学習した

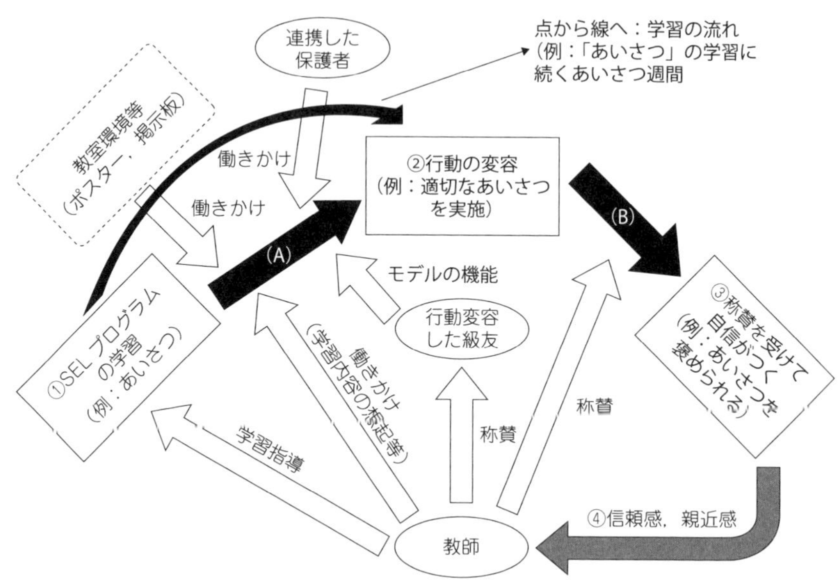

図 9-5　子どもの行動変容の過程とその結果

出典：小泉（2016）。

スキルが身についている子どもを称賛することも有効な働きかけです。これは，観察学習の理論を活用した働きかけです。さらに，学習後に活用をチェックする機会を設けることもできます。例えば，あいさつの仕方を学習した後に1週間程度のあいさつ週間を設けて，学習内容の定着を図ることもできます。

そのような働きかけによって表れた望ましい行動を称賛することで，子どもの行動変容が促されます。こうした指導が教師への信頼感や親近感を高め，その後の SEL や教科学習にも良い影響を与えます。

日本における SEL プログラムの実践と研究は，少しずつですが着実に蓄積されており，効果的なプログラムも開発されています（コラム参照）。しかし，全体的に SEL プログラムの数が少ないことと，家庭や地域社会を視野に入れた取組がやや希薄なことが課題として挙げられています（小泉，2022a）。今後，日本の実情に合った SEL プログラムの開発と実践がさらに進むことが期待されます。

コラム　日本での SEL プログラム

SEL-8S（詳しくは，「SEL-8研究会」の HP をご覧ください。）

SEL-8S の概要は先述の通りです。現在，小中学校を対象とした SEL-8S プログラムの他に，幼児を対象とした SEL-8N プログラム，高校生を対象にキャリア発達と関連付けた SEL-8C などが開発されています。

http://www.sel8group.jp/

FRIENDS

フレンズプログラムは，子どもの不安とうつに介入する認知行動療法にもとづき，子どものレジリエンスの育成を目的に，オーストラリアのポーラ・バレット博士が開発したプログラムです。幼児と小学校低学年を対象としたファンフレンズ，小学校中高学年を対象としたフレンズフォーライフ，中高生を対象としたマイフレンズユースなどのプログラムがあります。そのうち，フレンズフォーライフは，WHO が子どもの抑うつや不安の予防と介入に効果があると認定されたプログラムです。　https://j-sel.org/program/friends/

セカンドステップ（詳しくは，「日本こどものための委員会」の HP をご覧ください。）

セカンドステップは，アメリカの NPO 法人 Committee for Children が開発した暴力防止プログラムです。日本では，NPO 法人日本こどものための委員会が普及に努めています。プログラムは，「学びのスキル」「共感」「情動の扱い」「問題の解決」で構成されており，日本では，幼児から中学生までの発達段階に応じた 6 種類のコースがあります。　http://cfc-j.org/

みらいグロース（詳しくは，「みらいグロース」の HP をご覧ください。）

みらいグロースでは，小学校低・中学年を対象とした ICT を用いたオンライン型のデジタル教材であり，マインドフルネスの理論をベースにした「集中パワートレーニング」，SEL の 5 つの能力を育てる「感情パワートレーニング」，学問的な発達を促す「考えるパワートレーニング」を含むレッスンで構成されています。　https://mirai-growth.jp/

まとめ

SEL は，“良き市民”の育成を目指した学習プログラムの総称であり，ねらいとする5つの中心的な能力（SEL コンピテンシー：自己への気づき，他者への気づき，自己のコントロール，対人関係，責任ある意思決定）が定められています。近年，子どもを取り巻く環境の変化に伴う子どもの社会性の未熟さが指摘されるとともに，社会情動的スキルに対する社会的要請が高まっています。そのため，SEL の実施を通して子どもの社会情動的スキルを含む社会性を，意図的・計画的に育成する必要性が高まっています。

SEL の学習方法は様々ですが，一般的に，導入・説明，活動，振り返り・まとめの順に展開されます。SEL を実施する上で特に重要となるのは，活動段階で行うロールプレイです。現実に近い場面でロールプレイを繰り返し行うことで，自他理解の深まりと望ましい行動の習得が期待できます。SEL の学習内容の般化や定着を図るためには，学習内容の掲示や声かけ，保護者に向けた周知など学習後の働きかけが重要です。

引用文献

秋田 喜代美（2020）．社会情動的スキルの重視とその育ちを支える幼児期の重要性　日本教材文化研究財団研究紀要，**49**，8-14.

CASEL（n.d.）Fundamentals of SEL. https://casel.org/fundamentals-of-sel/（2023年7月10日閲覧）

Dale, E.（1969）. *Audio-Visual Methods in Teaching*. 3rd Edition. Holt, Rinehart & Winston: New York.

Durlak, J. A., Weissberg, R. P., Dymnicki, A. B., Taylor, R. D., & Schellinger, K. B.（2011）. The impact of enhancing students' Social and Emotional Learning: A meta-analysis of school-based universal interventions. *Child Development*, **82**, 405-432.

古見 文一・子安 増生（2012）．ロールプレイ体験がマインドリーディングの活性化に及ぼす効果　心理学研究，**83**(1)，18-26.

小泉 令三（2011）．社会性と情動の学習（SEL-8S）の導入と実践　ミネルヴァ書房

小泉 令三（2015）．一次的援助サービスとしての社会性と情動の学習（ソーシャ

ル・エモーショナル・ラーニング）　日本学校心理士会年報，**7**，25-35.
小泉　令三（2016）．社会性と情動の学習（SEL）の実施と持続に向けて　教育心理学年報，**55**，203-217.
小泉　令三（2022a）．SELで用いられているアプローチ　渡辺弥生・小泉令三（編著）ソーシャル・エモーショナル・ラーニング（SEL）――非認知能力を育てる教育フレームワーク――　福村出版
小泉　令三（2022b）．SELの定義と概論　渡辺弥生・小泉令三（編著）ソーシャル・エモーショナル・ラーニング（SEL）――非認知能力を育てる教育フレームワーク――　福村出版
小泉　令三・山田　洋平（2011）．社会性と情動の学習（SEL-8S）の進め方――小学校編――　ミネルヴァ書房
小泉　令三・山田　洋平・箱田　裕司・小松　佐穂子（2013）．心理教育プログラムの実施回数による学習効果差の検討―小中学校におけるSEL-8S学習プログラムの実践を通して――　日本教育心理学会総会発表論文集，**55**，342.
文部科学省（2019）．中学校学習指導要領（平成29年告示）解説保健体育編
https://www.mext.go.jp/content/20210113-mxt_kyoiku01-100002608_1.pdf（2023年7月10日閲覧）
文部科学省（2022）．生徒指導提要
https://www.mext.go.jp/a_menu/shotou/seitoshidou/1404008.htm（2023年7月10日閲覧）
OECD ed.（2015）*Skills for Social Progress: The Power of social and emotional skills.*（無藤　隆・秋田　喜代美監訳（2018）．社会情動的スキル――まなびに向かう力――　明石書店
白井　俊（2020）．OECD Education2030プロジェクトが描く教育の未来――エージェンシー，資質・能力とカリキュラム――　ミネルヴァ書房
瀧澤　悠・松本　有貴・石本　雄真（2022）．子どもを対象として実施されたユニバーサルSELプログラムのメタ分析　日本SEL研究会第12回大会論文集

（山田洋平）

第10章
ポジティブ行動支援（PBS）

学びのポイント

・ポジティブ行動支援の基本的な考え方について理解する。
・子どもに対する罰的な対応のリスクについて理解する。
・子どもの望ましい行動を増やすアプローチについて理解する。
・学校全体や学級全体でポジティブ行動支援に取り組む際に重要となる三層の支援モデルやデータに基づく意思決定について理解する。
・学級全体でポジティブ行動支援に取り組んだ小学校と中学校の事例を知る。

キーワード☞ポジティブ行動支援，体罰，正の弱化，望ましい行動，ポジティブ行動マトリクス，言語称賛，三層の支援モデル，データに基づく意思決定

「ほめる」と「叱る」

教育や保育の現場では，子どもを「ほめる」ことも「叱る」こともどちらも大切であるとよく言われます。

それでは，子どもを「ほめる」ことのメリットは何でしょうか？　逆にデメリットはあるでしょうか？

同様に，子どもを「叱る」ことのメリットは何でしょうか？　逆にデメリットはあるでしょうか？

ポジティブ行動支援とは何なのでしょうか。どのような支援で，何を目指すのでしょうか。本章では，ポジティブ行動支援の基本について学んでいきます。また，小学校や中学校で実際にポジティブ行動支援に取り組んだ事例も紹介します。

1　罰的な対応によるリスク

（1）教育現場における体罰の問題

文部科学省（2021）の調査によると，令和２年度に全国の国公私立の園や学校で発生した体罰の件数は，約485件でした。不登校の児童生徒を対象に行った調査では，教員による体罰が不登校の原因になっているケースも一定数存在していることも明らかになっています（不登校児童生徒の実態把握に関する調査企画分析会議，2021）。また，こども家庭庁・文部科学省（2023）の調査では，「物事を強要するような関わり・脅迫的な言葉がけ」や「罰を与える・乱暴な関わり」といった「不適切な保育」が，全国の認可保育所で914件確認されました。こうした体罰や不適切な保育については，「学校教育法（第11条）」や「児童福祉施設の設備及び運営に関する基準（第９条の２）」において明確に禁止されているにもかかわらず，未だなくなってはいません。現在でも，教育・保育現場における体罰や虐待の報道は後を絶たず，大きな社会問題になっています。

（2）「嫌子出現による弱化」の問題点

体罰や虐待はもちろん，大きな声での叱責や脅しなどの罰的な対応は，応用行動分析学では「嫌子出現による弱化」によって行動を抑制する手続きに該当します。上記のような苦痛刺激を用いて行動を抑制することは確かに可能です。しかし，苦痛刺激を用いた「嫌子出現による弱化」による行動抑制には，多くの問題点が指摘されています（日本行動分析学会，2014）。例えば，罰を与える人の前では行動は収まっても，その人がいない状況やその人の目が届かない状況では行動が起こってしまうというように，罰の効果は一時的で，限定的なものです。また，苦痛刺激には慣れが生じることがわかっています。最初は，軽い罰で行動が抑えられていたのに，罰が繰り返されることで徐々に罰の効果が弱くなり，結果として罰がエスカレートしてしまう危険性があります。他にも，強い苦痛刺激により，不安や恐怖といった情動反応が引き起こされたり，抑うつ状態になってしまったりすることもあります。以上のことから，「嫌子出現による弱化」により行動を抑制する罰的な対応は，決して行うべきではありません。

2　ポジティブ行動支援とは

(1)「問題行動を減らす」から「望ましい行動を増やす」へ

授業中の離席や私語，暴力や暴言といったような子どもの問題行動に対する罰的な対応は，「問題行動を減らす」アプローチです。しかし，先にも述べたように罰的な対応は，決して行うべきではありません。そこで，重要となるのが「望ましい行動を増やす」アプローチです。例えば，授業中に教室を飛び出してしまう子どもがいたとします。その際，多くの教員は「飛び出しを減らそう」と考えるでしょう。ただ，「飛び出し」という問題行動に注目してしまうと，どうしても罰的な対応に傾いてしまいます。そこで，「飛び出しを減らそう」ではなく「教室で活動する行動を増やそう」と考えます。1時間の授業において，教室で活動する時間が増えれば増えるほど，教室を飛び出す時間は減っていきます。問題行動を減らそうと考えなくとも，望ましい行動を増やすことで相対的に問題を減らすことができるのです。こうした「問題行動を減らす」のではなく「望ましい行動を増やす」という発想によるアプローチがポジティブ行動支援（PBS：Positive Behavior Support）です。

ポジティブ行動支援とは，「個人の生活の質を向上し，それによって問題行動を最小化するために個人の行動レパートリーを拡大する教育的方法と個人の生活環境を再構築するシステム変化の方法を用いる応用科学である」と定義されています（Carr et al., 2002）。すなわち，ポジティブ行動支援は，科学的根拠に基づいた支援により子どもの望ましい行動のレパートリーを拡大し，問題行動を最小化することで，子どもの生活の質（QOL：Quality of Life）の向上を目指します。

（2）望ましい行動を増やすアプローチ

子どもの望ましい行動を増やすためには，どのようにすればよいのでしょうか。ポジティブ行動支援では，応用行動分析学の知見に基づきながら，望ましい行動が増える環境をつくることを大切にします。

まず，望ましい行動を促す環境（きっかけ）として，望ましい行動を具体的に示すことが大切です。例えば，学校では学校教育目標や学級目標といったスローガンが掲げられることが多いですが，スローガンはどうしても抽象的になりがちです。そこで，そうしたスローガンを具体的な行動として子どもに示すことが必要です。その際，ポジティブ行動支援では，学校における場面ごとに，スローガンに基づいた望ましい行動を一覧表にした「ポジティブ行動マトリクス（以下，マトリクス）」がよく使用されます（図10-1）。こうした具体的な望ましい行動の一覧表を示すことで，子どもは何をすべきかがわかりやすくなり，教員にとっても望ましい行動について指導する際の指針となります。

また，望ましい行動を丁寧に教えることも大切です。具体的な行動について，その方法や意義について説明する（教示），見本を提示する（モデリング），実際に行動する練習をする（リハーサル），望ましい行動を強化する（フィードバック）といった流れでスキル訓練を行います。「これくらいできて当たり前」と教員目線で判断するのではなく，すべての子どもが望ましい行動を遂行できるスキルを身につけられるように支援していかなければなりません。

最後に，望ましい行動を強化する環境（結果）として，教員による積極的な言語称賛が挙げられます。特に，子どもの望ましい行動の直後に称賛することや具体的に望ましい行動を挙げながら称賛すること（例：Aさんの手の挙げ方が素晴らしいですね）が効果的な言語称賛として指摘されています（Markelz et al., 2018）。また，教員による言語称賛以外にも，望ましい行動に対してシー

	きまりを守ろう	自分もともだちも大切にしよう	すてきなことばをかけよう
授業中（教室）	□授業が終わったら次の授業の準備をしよう □授業が始まるときにえんぴつ２本・赤えんぴつ１本・けしごむ１こを机の上に用意しよう	□話をしている人の方へおへそを向けよう □「同じです」「そうだね」「わかりました」「うなずく」など発表している人に反応しよう	□「です・ます」のような丁寧な言葉を使おう □指名されたら「はい」と返事をしよう
体育（体育館）	□すばやく集合・整列しよう □使った道具は元の場所にもどそう	□授業の準備や片付けを友だちと協力してやろう □相手チームのすごいところをほめる言葉で伝えよう	□自分のチームが負けても「がんばろう」「ドンマイ」と声をかけよう
そうじ	□そうじ場所にある決められたマニュアルのとおりそうじをしよう □自分の分担場所をそうじ時間内にきれいにしよう	□そうじ分担をみんなで協力してやろう □自分のそうじ分担が終わったら，まだ終わっていないひとを手伝おう	□そうじのはじめと終わりに同じ分担のひととあいさつをしよう
業間休み 昼休み	□トイレをすませてから遊ぼう □予鈴を聞いたらすぐに教室にもどろう	□友だちと話をするときは「あったか言葉」を使おう □友だちの名前をよぶときは○○さんとよぼう	□友だちに「ありがとう」「ごめんね」と言おう
ろうか	□ろうかや階段，ベランダでは右側を歩こう	□前から人が来てすれちがうときには「どうぞ」とゆずりあおう □人にゆずってもらったら「ありがとう」と言おう	□先生やお客さんとすれちがうときには軽く頭を下げよう □学年がちがっても朝や帰りのあいさつを大きな声で言おう

図 10-1　ポジティブ行動マトリクスの例

出典：徳島県立総合教育センター（2017）。

ルやチケット，ポイント等のトークンを与える方法や子ども同士で称賛し合う方法などもあります。

このようにポジティブ行動支援では，子どものポジティブな行動をポジティブな方法で増やしていくのです。

3　階層的な支援

(1) 三層の支援モデル

近年，学校全体や学級全体でポジティブ行動支援に取り組む事例が我が国でも報告され始めています。これらは，学校規模ポジティブ行動支援（SWPBS：School-wide Positive Behavior Support）や学級規模ポジティブ行動支援（CWPBS：Class-wide Positive Behavior Support）と呼ばれ，支援方略として三層の支援モデルが採用されています（図10-2）。まず第1層支援では，学校や学級のすべての子どもを対象に，目標となる望ましい行動を具体的に提示したり，子どもの望ましい行動に対して積極的に称賛・承認したりするといった支援を実施します。次に，第2層支援では，第1層支援において成果の上がらない子どものグループを対象に，より高頻度・高密度の支援を実施します。そし

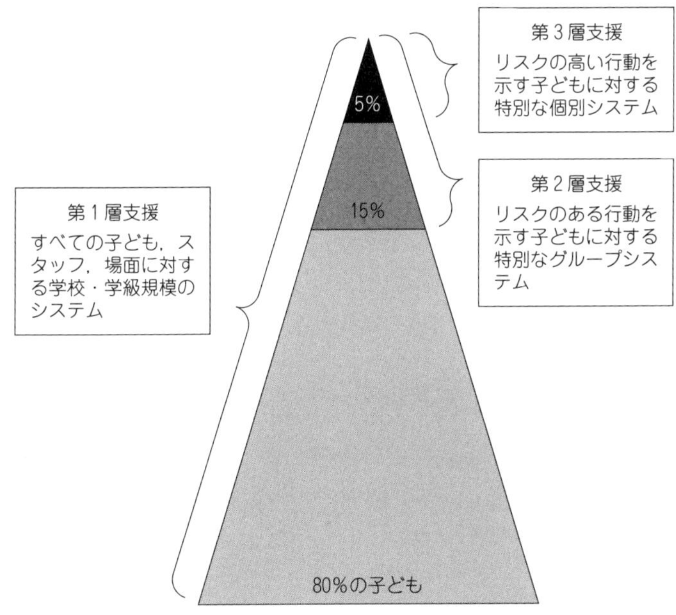

図10-2　ポジティブ行動支援の3層モデル

出典：Sugai & Horner（2006）

て，第３層支援では，第２層支援において成果の上がらない特定の子どもを対象に，より個に特化した支援を実施します。特に，すべての子どもを対象とした第１層支援を充実させることにより，第２層支援や第３層支援の対象となる児童生徒は相対的に減少し，結果として，本当に個別支援を必要としている児童生徒に十分な人と時間を配分することができます。

（2）データに基づく意思決定

ポジティブ行動支援では，子どもに関するデータを継続的に収集・分析することにより，支援の効果を客観的に検証し，必要な改善を図っていきます。こうした手続きは「データに基づく意思決定」と呼ばれ，例えば，現状どの程度望ましい行動ができているのか，いつどこでどんな問題行動が生じているのかといった子どもの実態に関するデータ（アセスメント），支援によって子どもの望ましい行動が増加したり，問題行動が減少したりしているかといった子どもの変容に関するデータ（プログレスモニタリング），第２層支援や第３層支援の対象となる子どもは誰かといった支援の対象に関するデータ（スクリーニング），教員は計画通りに支援が行えているかといった教員の指導に関するデータ（実行度）等が用いられます。教員が日常の指導の中でこうしたデータを収集したり，あるいはすでに学校で収集されているデータ（遅刻・欠席の記録や保健室利用者数など）を活用したりしながら，データに基づく意思決定を進めていくのです。

（宮木秀雄）

4　小学校における学級規模ポジティブ行動支援（第１層支援）の事例

（1）学級の実態

本事例は，公立小学校５年生の通常の学級（25人）を対象に，学級規模ポジティブ行動支援（第１層支援）を行ったものです。この学級の児童は，時間や学校のきまりなどを守って行動することに課題があり，教師からの指示や注意が多くなっている実態がありました。例えば，給食時間には，給食当番が着替えるのに必要以上に時間がかかってしまったり，他の児童も静かに待てなかったりしました。また，教室移動の際にも，話しながら歩いたり，足音が大きくなったりするなど，静かに移動することが難しい状況でした。教師の指示や注意が多くなってしまう日には，学級の雰囲気も悪くなり，児童もなかなかやる気になれない様子が見られました。そこで，児童らの課題を教師の指示や注意で正すのではなく，児童らが主体的に望ましい行動を増やしていけるようにしたいと思い，学級規模ポジティブ行動支援（第1層支援）に取り組むことにしました。なお，本事例の詳細は，宮木・勝田（2022）に掲載されています。

（2）取り組みの内容

まず，1つ目の取り組みとして，児童に自分自身の行動や学級の様子について振り返るアンケートを行い，そのアンケート結果をもとに学級で話し合いを行いました。話し合いでは，自分たちがこれからがんばりたいことについて児童らが意見を出し合いました。そして，話し合いをもとに学級でがんばりたいことをマトリクスにまとめ，教室内に掲示しました（図10-3）。2つ目の取り組みとして，児童らが帰りの会で望ましい行動をしていた仲間を報告し合う活動（Positive Peer Reporting）を行いました。また，望ましい行動が報告されるたびに，マトリクスの該当箇所に星形のシールを貼っていきました。なお，報告の偏りを防ぐため，必ず望ましい行動を報告してもらえる児童（スター）3人を前日の帰りの会でくじ引きにより決めておき，スターの望ましい行動については必ず報告することとしました。報告の後には，教員も一言コメントを付け加え，児童らを称賛しました。

（3）取り組みの成果

上記のような取り組みを行ったことで，児童と教師が望ましい行動を共有することができ，児童の望ましい行動が増えていきました。例えば，授業開始前までに全員の児童が着席できた日が増加したり，給食準備にかかる時間が短縮されたりしました。

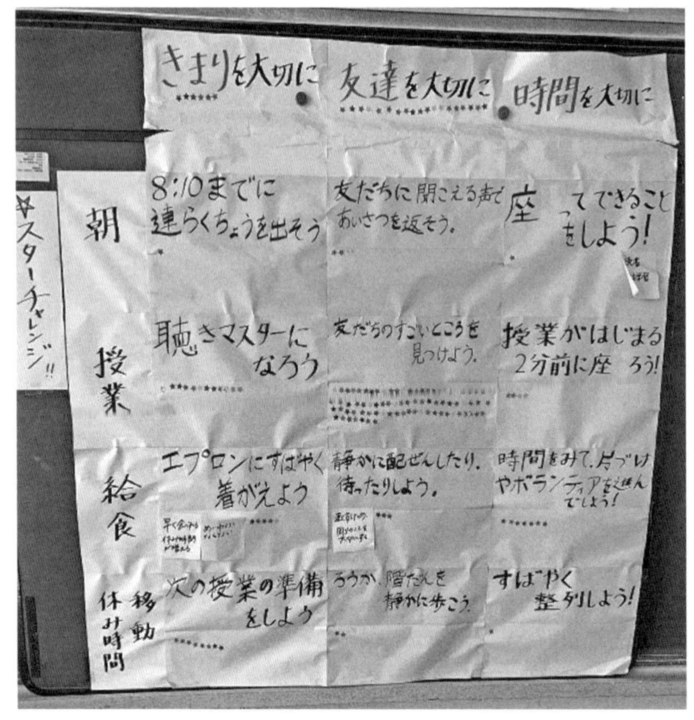

図 10-3　5年生で作成されたポジティブ行動マトリクス

まず，マトリクスの作成にあたっては，どのような行動が望ましいのかを児童らと一緒に考え，視覚的にわかりやすいように一覧表にまとめました。特に，「すぐにできそうな行動であるか」，「児童らが必要性を感じることができる行動であるか」の２点を意識しました。「すぐにできそうな行動であるか」については，児童らにとってレベルが高すぎる行動だと，「がんばろう」という前向きな気持ちを持ちにくいのではないかと感じていました。「当たり前のことでいいんだ」，「それならできそう」という気持ちを児童らに持ってもらうこと，当たり前のことを当たり前にできることはすごいことであるという雰囲気をつくることを心がけて取り組みました。また，「児童らが必要性を感じることができる行動であるか」についても大切にしました。教師から「この行動って大切だよね」と例として挙げることもありましたが，「どうして大切なのかな？」

とできる限り児童らと考えるようにしました。すると児童からは，自らの経験から，その行動の良さや意義，その行動をしたときの自分の気持ちなどが出てきました。望ましい行動をしていくことが，お互いに気持ちよく過ごしていくために大切だということを児童らと確認する時間になったことはとてもよかったと思います。

マトリクスの内容が決まった後は，望ましい行動を強化することに力を入れました。マトリクスにあるような望ましい行動ができている児童に対しては，その場ですぐに称賛すること，何がよかったのかわかるように具体的に称賛することを意識的に行いました。こうした対応を続けていくことで，児童らの問題行動よりも望ましい行動に目が向くようになりました。また，教師だけでなく，児童らの視点も変わりました。取り組みを行う前は，「〇〇さんがやっていなかった」など，仲間の望ましくない行動ついて報告してくる児童も少なくありませんでした。そのような発言に対して，教師も望ましくない行動に目が向き，注意が多くなってしまいました。望ましくない行動について話す機会が多くなると，学級もよい雰囲気にはならないと感じていました。しかし，取り組みを始めると，「〇〇さんが表にあることを進んでやっていたよ」，「〇〇さんに『表にあることをしていてすごいね』って言われてうれしかった」など，仲間の望ましい行動についての報告が教師のもとに集まるようになりました。学級全体で望ましい行動に着目しようという雰囲気や仲間からもできていることを認められるということが，望ましい行動を増やしていったように感じます。

本事例では，マトリクスを児童らと一緒に作成し，望ましい行動を教師や仲間同士で称賛する取り組みを行いましたが，学級や児童の実態に応じた方法を選択することで，時間や労力をかけずに気軽に学級規模ポジティブ行動支援を始められます。「ポジティブな行動をポジティブな方法で育てる」という視点を教師がもつことで，教師自身の心の余裕につながり，児童らともよりよい関係が築けるようになると思います。

（内田依見）

5　中学校における学級規模ポジティブ行動支援（第１層支援）の事例

（１）学級の実態

本事例は，授業中に離席や級友に対する暴言・暴力行為を繰り返す生徒Ａが在籍する公立中学校１年生の通常の学級（38人）を対象に，学級規模ポジティブ行動支援（第１層支援）を行ったものです。生徒Ａについては，多動性があること，机のまわりに私物を散らかすこと，いじめの加害者であったことなど，複数の課題が小学校より報告されていました。入学当初，生徒Ａに目立った問題行動は見られませんでしたが，５月の体育祭の練習が始まって以降，授業中に離席する，学級全体に聞こえる声で教師や授業内容を揶揄する，級友に対して暴言を吐く，暴力を振るう，教室から飛び出すなどの問題行動を繰り返すようになりました。また，こうした生徒Ａの行動に対して，２～５人の生徒が追随する行動をとるようになりました。その他の生徒も，生徒Ａとその級友たちとのやりとりに反応して，教師の声が学級全体に行き届かないほどの私語が平均５分に１度の間隔で頻発するようになりました。こういった状況は，教科や担当教師に関係なく見られました。こうした現状を受けて，筆者の担当教科である社会科の授業において学級規模ポジティブ行動支援（第１層支援）に取り組むことにしました。

（２）取り組みの内容

生徒Ａが授業を中断した場合，多くの教師は注意して行動を止めさせようとしました。しかし，生徒Ａは注意をしても従うことはほとんどありませんでした。また，数名の生徒が生徒Ａに追随行動をとった場合も，教師は同様に注意をして着席させたり，私語をやめさせたりしました。しかし，数分後にはもとの状態に戻っていました。

そこで，まず本校の学習規律方針を紹介し，社会科の授業初回に示した望ましい行動を一覧表にしたマトリクスを学級全体に再度提示しました（図10-4)。

期待される力＼時間	授業開始時	授業中	授業終了時
やりきる四則	①1分前までに着席する ②教科書・ノート・資料集を机上に出す ③机の縦・横を揃える ④教師に聞こえる声であいさつをする	⑤発言者（教師・級友）の話を体を向けて聞く ⑥ノートを書く ⑦自分の考えを伝えて話し合う ⑧時間を守って活動を切りかえる	⑨自分の考えをふりかえって記入する ⑩ゴミを拾う ⑪次回の授業までの課題を確認する

図 10-4　『やりきる四則』（授業規律指針）を基にしたポジティブ行動マトリクス

図 10-5　生徒が提出したノートの写真

そして，マトリクス内の「⑥ ノートを書く」ことが離席や私語などによりできていない現状を説明し，改善のためにキャンペーンとして取り組むことを伝えました。「望ましい行動を増やす」観点から，「学級全員が授業中に，教師の話を聞き，ノートにメモをとる」ことを目標としました。授業の終わりにタブレット端末でメモを取ったページの写真を撮って提出させることで，評価のためのデータも簡単に蓄積することができました（図 10-5）。また，教師の話を聞いてノートにメモを取る行動を強化するために，10分の間隔でタイマーをセットし，目標行動が取れていれば，表にシールを貼りながら称賛することを共

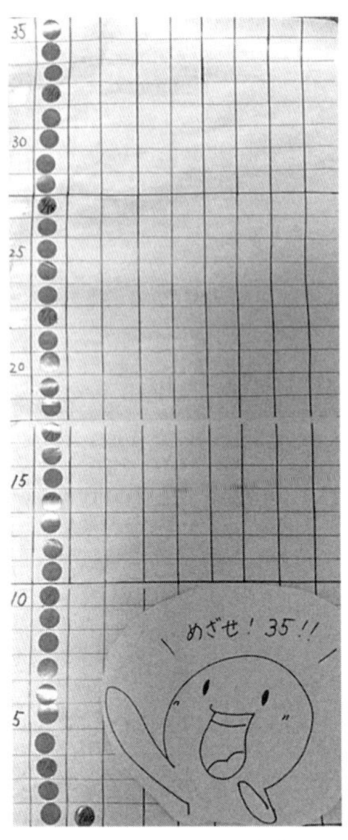

図10-6　シールと表

有しました（1単位時間50分で最大5枚のシール）。そして，シールが35枚貯まると，授業に関係のある映画シーンを放映することを約束しました（図10-6）。

（3）取り組みの成果

5月下旬，社会科において，筆者が注意をしてから私語がやみ，全員が口を閉じるまで56秒でしたが，6月中旬には，1分55秒，1分56秒と時間がかかるようになり，授業規律が望ましくない状態だと判断しました。そこで，新しい単元に入る7月5日より，取り組みを開始しました。まず，事前に同様の取り組みを他学年で実施し，その授業態度を撮影し，メモをとったノートを対象学級にお手本（モデリング）として提示しました。メモの取り方は一律に定めず，お気に入りの付箋を使う，ノートの右隅に線をひいてメモ欄を作る，イラストを描いて吹き出しにするなど多様な方法を紹介しました。10分ごとに目標行動が取れていればシールを貼る取り組みは，初日の７月５日に５回中３回でシールを獲得でき，同月14日には５回すべてでシールを獲得することができ，その後も継続していきました。同月20日には目標のシール35枚を達成することができ，学級全員で拍手をしながら祝うことができました。取り組み前の生徒Ａは，「級友から嫌われている」「自分はいない方がいい」と教室を飛び出すことがありましたが，取り組みを始めてからはタイマーを意識して学級全体に声かけをしたり，他の生徒に対してもサポートをしたりする姿が見られるようになりました。また，生徒Ａに追随していた複数の生徒たちも，ノートを取って授業に参加することで授業内容がわかるようになり，授業中に発表をすることによって教師からの注目を得ようとするようになりました。生徒Ａとその級友たちの行動の変化は，学級全体の私語をなくし，教師の声が全員に届かないという状況も起きなくなりました。また，それだけでなく，授業に集中するようになって授業が面白い，みんなのノートが共有されるからもっといいノートが作れるといったポジティブな声も聞かれるようになりました。

以上のように，学級規模ポジティブ行動支援（第１層支援）では，生徒指導上の課題のある生徒だけでなく，学級全体で望ましい行動を増やすことができました。学習規律は，生徒たちの学習を主体的に深めるために必要なものです。その学習規律を叱るための基準としてではなく，望ましい行動の目標として認識させ，現状とのギャップを埋めるための手立てがポジティブ行動支援だと思います。生徒Ａは依然として様々な条件が引き金となって，問題行動を起こすことがあります。第１層支援により学級全体の学習規律を定着させ，指導の対象者を相対的に減らすことで，第２層，第３層支援へと移行していくことができます。個別支援を必要とする生徒Ａに対しても今後はより時間的余裕をもってアセスメントを行うことができるでしょう。

（武田顕子）

まとめ

- 苦痛刺激を用いた「嫌子出現による弱化」による行動抑制には，多くの問題点が指摘されており，決して行うべきではない。
- ポジティブ行動支援は，「問題行動を減らす」のではなく「望ましい行動を増やす」という発想によるアプローチであり，科学的根拠に基づいた支援により子どもの望ましい行動のレパートリーを拡大し，問題行動を最小化することで，子どもの生活の質（QOL）の向上を目指すものである。
- 子どもの望ましい行動を増やすためには，望ましい行動を具体的に示すこと，望ましい行動を丁寧に教えること，積極的な言語称賛等により望ましい行動を強化すること等が大切である。
- 学校規模や学級規模のポジティブ行動支援では，三層の支援モデルが採用されており，すべての子どもを対象とした第1層支援を充実させることにより，第2層支援や第3層支援の対象となる児童生徒を絞ることができる。
- ポジティブ行動支援では，子どもに関するデータを継続的に収集・分析することにより，支援の効果を客観的に検証し，必要な改善を図っていく。
- 小学校における学級規模ポジティブ行動支援の事例では，学級会によるマトリクスの作成と掲示，児童らが帰りの会で望ましい行動をしていた仲間を報告し合う活動等の取り組みにより，児童の望ましい行動や教師の称賛が増加した。
- 中学校における学級規模ポジティブ行動支援の事例では，マトリクスの提示や目標行動に対するシールの付与等の取り組みにより，授業中の私語等の問題行動が減少した。

引用文献

Carr, E. G., Dunlap, G., Horner, R. H. et al. (2002). Positive behavior support: Evolution of an applied science. *Journal of Positive Behavior Interventions*, **4** (1), 4-16.

不登校児童生徒の実態把握に関する調査企画分析会議（2021）．不登校児童生徒の実態把握に関する調査報告書

こども家庭庁・文部科学省（2023）．「保育所等における虐待等の不適切な保育への対応等に関する実態調査」の調査結果について．

Markelz, A., Scheeler, M. C., Taylor, J. C. et al. (2018). A review of interventions to increase behavior-specific praise. *Journal of Evidence-Based Practices for Schools*, **17**(1), 67-87.

宮木秀雄・勝田志織（2022）公立小学校における学級規模ポジティブ行動支援の実践に向けた遠隔コンサルテーションの効果　行動分析学研究，**37**(1)，118-132.

文部科学省（2021）．体罰の実態把握について（令和２年度）.

日本行動分析学会（2014）．「体罰」に反対する声明.

Sugai, G., & Horner, R. R. (2006). A Promising Approach for Expanding and Sustaining School-Wide Positive Behavior Support. *School Psychology Review*, **35**(2), 245-259.

徳島県立総合教育センター（2017）．スクールワイドPBS――かもっこスマイルプロジェクト 全校で取り組む「３つの大切」――

第11章
学校心理学（事例），コンピテンシー教育

学びのポイント

・学校心理学の理論に基づいて，小学校と中学校で実践した取組を二つ紹介します。
・児童生徒の実態を踏まえ，理論をいかに実践につなぐかが，学校現場では重要になります。
・実際の教育活動とその成果を，どのように検証していくのかを学びましょう。

キーワード☞ゆるやかな集団づくり，汎用的認知スキル，マルチレベルアプローチ，一次的・二次的・三次的生徒指導，児童生徒の資質能力，批判的思考力

大学で学ぶ教育に関する心理学は，学校現場でどのように活かされるのでしょうか。学校現場で，教師は様々な理論を参考にし，教育活動を計画します。しかし，実際に児童生徒とともにその教育活動を展開すると，児童生徒の変容や成長が計画のように進まないことがたびたびあります。

その時，教師は児童生徒の様子を見ながら，自らの経験をもとに理論をアレンジし，よりよい成果が出るよう試行錯誤します。そうした実践（教育活動）により，目論見どおり，児童生徒が大きく成長し，時には，期待以上の成果や予期せぬ効果を上げることもあります。

本章では，実際の小学校と中学校の実践事例から，児童生徒の実態を踏まえながら，理論を実践にどうつなぎ，児童生徒の成長を促したかをお伝えします。

ここでは，次の点について具体的に考え，学びを進めましょう。

① あなたが卒業した小学校，中学校では，どのような教科授業や特別活動，生徒指導が展開されていたでしょうか。そこには，当時の教師たちのどのような意図があったのでしょう。本文をきっかけに，それを探ってみましょう。

② これまで学んだ理論が，学校現場で教育活動としてどのように展開され，教師たちが，児童生徒の実態に応じて，それらをどうアレンジしていくのかを具体的に見ていきましょう。

③ そして，あなたが卒業した小学校，中学校で行われていた授業や教育活動を意見交換する中で，児童生徒の実態による学校文化のちがい，教育活動のちがいを，教師の働きかけという視点から考えてみましょう。

1　実践のきっかけ——ゆるやかな集団づくりへの転換

（1）強くつながる集団づくりからゆるやかな集団づくりへ

従来求められていた強くつながる集団づくりから，様々な仲間とそれぞれの距離感で関わることができる，同調圧力のないゆるやかな集団づくりへの転換に取り組んだ岐阜市立加納中学校（以下「加納中」）の実践を紹介します。加納中では，平成30年度から，生徒が明るく自由でのびのびと生活できる学校づくりと，当時少なくなかった不登校傾向の生徒数減少を目指しました。

過去に学校の荒れを経験している多くの中学校では，集団づくりにおいて，学級のまとまりや連帯感などを大切にし，「教師の期待する生徒像や集団の姿からの逸脱を許容しない」（文部科学省，2018）雰囲気を，教師が意図的につくることがあります。これがいわゆる，強くつながる集団づくりです。

しかし，思春期の多感な時期にいる中学生は，そうした教師の働きかけになじめず，自己の生き方や人間関係に不安を抱いたり，自己の生き方を見失い，不登校になったり，問題行動を起こしたりすること，また，それがいじめのきっかけとなる可能性は否定できません。そうした問題を少しでも改善し，誰もが楽しく生活できる学校づくり，集団づくりに取り組んだ実践です。

（2）ゆるやかな集団づくりとマルチレベルアプローチ

ゆるやかな集団づくりには，生徒同士が関わりすぎないことも必要ではないかと考えました。互いに対する気遣いをもちつつ，その気遣いが互いの監視にならないようにするということです。けれども，それにはむずかしいバランス感覚が求められ，生徒一人一人には心の安定と，互いに折り合いをつけることができる個の育成が必要となります。そこで，ゆるやかな集団づくりを進める手立てとして，マルチレベルアプローチを取り入れました。マルチレベルアプローチが目指す生徒一人一人の心の安定と個の成長を促す考え方が，ゆるやかな集団づくりには不可欠であると考えたからです。

2　加納中における指導の考え方と具体的な取組

（1）加納中における指導の考え方

平成30年度～令和３年度までの四年間の加納中の取組について，その概要を述べます。この期間の生徒数は，520～540名でした。

まず，学校づくりにおける基本的な考え方です。

> 仲間にやさしい自治組織をつくる中で，生徒の豊かな人間性を育み，いじめや不登校の未然防止を図る。そのために，ゆるやかな集団づくり（生徒の実態に応じた規律と自由のバランス）を心がけ，生徒が仲間と適度な距離感で学校生活を送る（折り合いをつける）ことができる力を育成する。

平成30年度（初年度）当時，加納中では数年前の学校の荒れから，生徒が自由に過ごす時間を減らし，昼休みにも合唱練習や話合い活動を行っていました。一方，不登校傾向の生徒は各学級に数名を数え，前年度の年間30日以上の欠席者は27名でした。そこで，マルチレベルアプローチの手法である①協同学習，②ピア・サポート活動，③SEL，④感情交流，⑤アセスメント「STAR」，⑥出欠席管理を実施しました。アセスメント「STAR」は，当時，岐阜市教育委員会が市内小・中学校で統一して行っていた調査です。

これらの手法のうち，加納中がとくに力を入れたのは，協同学習，ピア・サポート活動，SELでした。それらの実践について，次に述べます。

（2）協同学習

平成30年度（初年度）は，各教科等の授業の一場面で協同学習を行うことを目指し，年度末には，すべての教科授業，道徳，総合的な学習の時間，学級活動で，協同学習を行うことができるようになりました。グループでの話合い活動を行うことを重視し，話し合う内容や話合い方にはこだわらなかったことが，定着を早めたと考えます。

二年目は，協同学習を通して「対人関係能力などの育成」を目指しました。

図 11-1　協同学習の様子（2年数学）

出典：加納中職員撮影。

実践を積み重ねていくと，各教科授業では一単位時間の授業の様々な場面で協同学習が行われるようになりました。例えば，①課題提示や課題に対する予想の場面，②課題解決の場面，③課題解決後に学びを自覚（言語化）する場面などです。

そして年度末に，二・三年生324名を対象に，協同学習に関するアンケート調査を実施しました。その結果から，失敗に対する懸念をもつ生徒が少なからず存在すること，学習意欲と失敗懸念の間には関係があり，①学習意欲，失敗懸念ともに低いグループ（103名），②学習意欲，失敗懸念ともに高いグループ（109名），③学習意欲は高いが，失敗懸念が低いグループ（112名）の三つに分かれること，仲間に受け入れられている意識が高いほど，失敗懸念も高いことがわかりました。そこで教師はどの教科授業においても機会を捉え，互いの意見を否定せず受容することの大切さ，まちがいこそが新たな学習に結び付くことを生徒に語り，まちがいをおそれず自由に意見を出し合える雰囲気づくりに努めました。

さらに三年目，四年目は，失敗懸念を軽減させ，学習意欲の向上を目指して「中学校学習指導要領解説（平成29年告示）　総合的な学習の時間編」に記されている「考えるための技法」や思考ツールを教科授業にも取り入れました。この試みにより，自分の考えに自信のもてなかった生徒も，自分の考えをつくるベースが示されていることで少しの自信をもち，以前よりも積極的に協同学習に参加できるようになりました。

また協同学習は，学力下位から中位の生徒にとって，学習の動機づけに効果があることも実感しました。授業開始時には学習内容にそれほど興味を示さなかった生徒が，仲間とともに学習する中で，その楽しさを感じ，次第に学習そのものに興味を示す様子がしばしば見られたからです。

（3）ピア・サポート活動（兄弟学級活動）

ピア・サポート活動の取組は，初年度から，体育祭や文化集会（合唱交流会）の練習時に学級交流という形で実践しました。しかし，生徒同士の人間関係において，ピア・サポート活動による大きな変化は見られませんでした。異学年交流の中で，生徒一人一人の人間関係をつくることができなかったからだと，その後の実践でわかりました。

明確な成果が見られたのは，コロナ対応後のピア・サポート活動でした。三年目と四年目は，コロナ対応に伴う行動制限により，全校生徒が体育館に集う集会活動の形態を変更しました。具体的には，兄弟学級（例えば，各学年１組を一つのグループとする縦割り集団）を基本に，全校生徒約520名を一年生から三年生までのすべての学年の生徒が入った，１グループ６～８名の小集団を70グループつくり，それぞれが各教室に分かれて活動することとしました。

この形態が生徒に大きな変化をもたらしました。各グループが６～８名で構成されるため，話合い活動では全員がどこかで発言せざるを得ず，また最高学年である三年生はリーダーとして，会を進行することになりました。当初は，生徒に互いを探るような雰囲気があり，異学年の話合いが成立しにくいグループもありました。そこで，各学年の学級担任は，異学年交流により互いを思いやる心が育つことなどを生徒に語り，三年生の学級担任は，三年生には上級生としての責任があることを語り，当日，各教室の担当教師は，話合いが停滞しているグループに話し合う話題を積極的に提供しました。

こうした指導により，異学年の話合い活動において，三年生はむずかしい言葉を言い換え，沈黙が続けば話題を提供するなど，リーダーシップを発揮しました。一・二年生にもその気遣いが伝わり，三年生への信頼が高まり，一人一人の考えを一人一人がしっかり受け止める機会となりました。そして回を重ねるごとに，各グループは次第に家庭的で温かな雰囲気になり，学校全体の雰囲気も徐々に和やかなものに変わっていきました。廊下で同じグループの上級生と下級生が挨拶を交わしたり，互いに声を掛け合ったり，秋には，昼休みに兄弟学級で学級レクリエーションを行うこともありました。

これは，異学年交流の形態を変更したことに加え，協同学習の仕方が応用された結果ではないかと分析しています。数名の仲間との意見交換に慣れている生徒は，そのメンバーが同学年から異学年になったという変更にも対応できたのだと思います。中学校においてピア・サポート活動を異学年交流で行う場合は，生徒の状況を見きわめ，時には活動の仕方を教え，時には生徒に任せること，そして，すべての生徒が上級生あるいは下級生として，互いに直接関わる機会をつくることが望ましいと考えます。生徒一人一人に，自分の判断で活動する機会を保障することが，より人との関わり方を学ぶことになるからです。

表11-1　令和3年度ピア・サポート活動（異学年交流）の概要

会の名称（実施時期）	活動内容
体育祭（5月）	体育祭競技種目の練習を兄弟学級で行う。
自学公開 （5月，10月，1月）	下級生が上級生の授業を参観し，自分たちの授業づくりの参考としたり，上級生が下級生の授業を参観し，授業づくりのアドバイスをしたりする（参観は50分間）。
いじめについて語る会 （7月）	学校生活におけるいじめを，いかにしてなくすかを小集団で意見交換する。
総合的な学習の時間発表会 （10月）	修学旅行で広島へ出かけた三年生の発表をもとに，平和について小集団で考える。
絆づくり集会（12月）	障がい者に対する「心のバリア」や一人一人の個性について，小集団で意見交換を行う。
文化集会（12月）	合唱練習を兄弟学級で行う。
三年生と語る会（2月）	三年生が自らの中学校三年間の心の成長を発表し，一・二年生が質問や感想を述べる。

ただし，これらの成果はすぐには表れず，生徒の変容が実感できたのは，秋も終わりに近づく11～12月でした。生徒が育つことをじっくり待つ必要がありました。さらにその実感は，「生徒の様子が変わったな」とある日突然気づく印象です。一方，その後の成長はめざましいものでした。粘り強く，取組を継続することが重要だと感じます。

実施したピア・サポート活動（異学年交流）の主なものは，表11-1のとおりです。

（4）SEL（社会性と情動の学習）

SELは，２年目から年間10回程度，道徳や総合的な学習の時間に実施しました。年間指導計画を作成し，それに基づいて指導することを基本としましたが，生徒の状況を見て，学年の発達段階にこだわることなく，その時々に必要と思われる内容をピックアップし，授業を行うこともありました。生徒の自己理解を促すこと，自分の心が満たされた上で他者の気持ちが考えられるようにすることを目指し，また，これから実践される教育活動（ピア・サポート活動等）がうまく展開できるよう，その指導内容を関連させました。

SELの成果は，生徒が人との接し方や自らの気持ちの表現の仕方を学んだこと，自分の行動と感情への理解，他者への共感を促し，自己肯定感を高めたことだと考えます。そして，こうした個々の成長が，ピア・サポート活動（異学年交流）における生徒同士の望ましい関わりをつくったと感じます。

3　加納中における三段階の生徒指導と生徒の変容

（1）三段階の生徒指導の効果

加納中では，これらの具体的な取組と並行して，マルチレベルアプローチの実践プログラム「一次的・二次的・三次的生徒指導」を推進しました。これにより，生徒指導の考え方や個々の生徒の指導の方向性が整理できました。

とくに，学校生活に不安がある生徒や家庭に問題を抱える生徒の支援に，三段階の生徒指導は効果的でした。三段階の生徒指導を意識することで，一次的生徒指導の延長上にある二次的・三次的生徒指導では，生徒の特性や家庭環境，生徒や家庭が抱える問題を踏まえた指導が必要であるという認識をもつことができたからです。

（2）生徒の変容

こうした実践により，次のような生徒の変容が見られました。

- 学校が楽しいと感じる生徒が増えたり，授業などにおいて生徒同士が話し合い，自分の考えを深めたり広げたりする様子が，よく見られるようになりました
- 教師を信頼し気軽に助けを求める一方，自分たちで解決できることは解決しようとする姿勢が見られるようになりました。
- コロナ禍であったものの，新たな不登校の改善，学校復帰の増加，いじめの減少が見られました。
- 気の合わない仲間とも折り合いをつけて，学校生活を送ればよいと考え，仲間関係，学級集団などをよりよくする活動を進んで行うようになりました。

表 11-2　全国学力・学習状況調査（生徒質問紙）

単位は（%），実施は毎年4月

	平成30年度	31年度	令和2年度	3年度
先生は，あなたのよいところを認めてくれている	85.5 (82.2)	87.5 (81.5)	89.3	—
学校に行くのは楽しい	—	83.0 (81.9)	—	83.5 (81.1)
自分の考えがうまく伝わるよう，資料や文章，話の組み立てなどを工夫して発表した	66.8 (53.8)	73.5 (55.8)	75.9	61.4 (62.0)
話し合う活動を通じて，自分の考えを深めたり，広げたりできた	89.6 (76.3)	84.7 (72.8)	92.0	84.8 (77.8)

注：数値は「当てはまる」「どちらかといえば，当てはまる」の割合。
数値下の（　）内は全国平均。令和2年度の数値は全国的な実施が中止となり，加納中で実施し集計したもの。

表 11-3　児童生徒の問題行動・不登校等生徒指導上の諸問題に関する調査

単位は（人），年度末集計

	平成30年度	令和元年度	2年度	3年度
不登校生徒	27	19	22	28
（新たな不登校）	15	7	10	10
（学校復帰）	11	6	6	12
いじめ	37	58	17	7

4　マルチレベルアプローチと三段階の生徒指導

（1）マルチレベルアプローチがつくる全校体制

教科担任制をとる中学校では，生徒指導や教科指導において，生徒への指導を全校体制で行うことが重要です。すべての教師が同じ方向性をもって指導したほうが，教育的な効果が上がるからです。加納中では，指導方法が体系化されているマルチレベルアプローチを取り入れることで，深い共通理解のもと，生徒指導を行うことができるようになりました。

教科指導でも，学習の進め方が共通であったほうが，生徒は学びやすいと感じます。学校の仕組みの中でそれらを束ねる機能は，教科の実践研究です。加納中では，各教科の見方・考え方を大切にする一方，できるだけ学習の進め方を共通にしました。協同学習の実践もその一つです。協同学習は，国語や社会，数学，理科に限らず，英語や音楽，美術，保健体育，技術・家庭科など全教科で行いました。

（2）マルチレベルアプローチを支える三段階の生徒指導

本実践から，マルチレベルアプローチによる学校づくりは，同調圧力のないゆるやかな集団づくりに効果があったと考えます。とくに，マルチレベルアプローチの様々な手法が互いに作用することを教師が理解し，それぞれの取組を行うことは重要です。例えば，協同学習とピア・サポート活動が相互に作用し，それをSELが下支えしていることを意識すれば，教師の指導は，学んだ内容

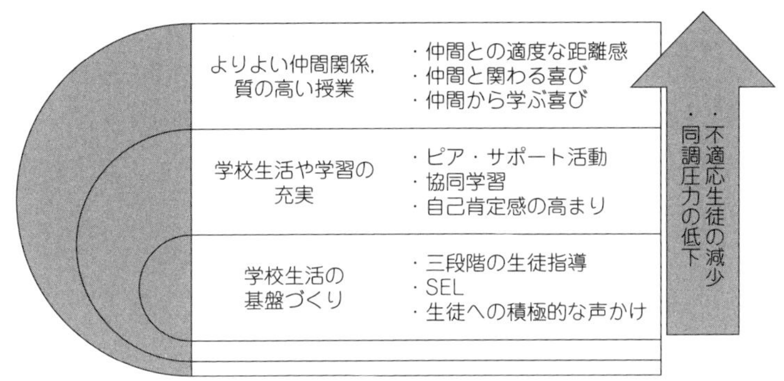

図 11-2　ゆるやかな集団づくりを実現する三段階の生徒指導の枠組み

と具体的な行動をつなぐものとなり，生徒は学んだ内容を行動に移す場面がイメージしやすくなります。

さらに，三段階の生徒指導も効果的でした。教師は，一次的生徒指導を行いながら，二次的生徒指導の必要な生徒を見きわめ，支援を行いました。三次的生徒指導においては，支援の必要な生徒をピックアップし，関係機関との連携のもと，適切な支援を考えました。

問題を抱える生徒にとって教師のこうした働きかけは，教師が自分を支援してくれているという安心感につながりました。教師の働きかけが，生徒の自己肯定感を維持していたと感じます。また他の生徒も，問題を抱える生徒を支援する教師を見て，自分に何かあっても先生たちは同じように自分を助けてくれるという安心感をもったのではないかと思います。

こうして自己肯定感が高まった生徒は，SEL で学んだ知識やスキルを試してみようと考え，ピア・サポート活動や協同学習で実践するようになりました。成果が表れるまでに時間はかかったものの，その成果が実感できると，さらに自己肯定感が高まり，適度な距離感を保ちつつ，自分の思いを素直に仲間に伝えたり，仲間は自分を受け止めてくれると感じているからこそ，時には指摘もできるようになりました。

その影響は学習活動にも広がり，生徒は積極的に仲間と関わり，仲間と相談して学習課題を解決したり，わからないところを仲間から学んだりするようになり，そこに喜びを感じるようになりました。

（3）中学校におけるマルチレベルアプローチの有効性

ここでは，中学校におけるマルチレベルアプローチの取組を通して，生徒が仲間と関わる経験を繰り返す中で，人と関わる楽しさを実感し，互いを尊重することを学び，ゆるやかにつながる信頼関係をつくっていった様子を示しました。これは，学校の教育活動における主たる人間関係が，生徒と教師の関係から生徒同士の関係に変容していく過程であったともいえます。

中学生の発達の段階を踏まえれば，教師による生徒への働きかけは，教師が望ましいと考える方向に導こうとするだけでなく，生徒同士の関係の中で生徒自らが成長しようとしたり，生徒同士が互いに成長し合おうとしたりすることへの支援も重要です。生徒は，学年や学級の仲間と力を合わせてよりよい学校生活をつくろうと考え，下級生は上級生にあこがれ，上級生はその学年のもつ使命を果たそうと考えるようになりました。

そして，生徒は人と関わることを経験し，その中で人と関わる喜びや自信を獲得していく過程が，マルチレベルアプローチの取組であり，それは生徒同士の人間関係を豊かにし，同時に仲間とともに学ぶ授業の質を高めるものであったと考えます。

（4）効果的な教育実践を行うための学校現場と研究機関との連携

小・中学校におけるマルチレベルアプローチの導入や展開には，学校現場と大学などの研究機関が連携することが重要であると考えます。本章の筆者は，本書の第1章，第8章，第9章の著者らと，学校課題を整理し，解決するための教育実践の立案に協同して取り組みました。大学研究者による年間2～3回の学校訪問，生徒へのアンケート調査とその分析は，学校が行う教育実践を強く支えました。研究機関による実証的な知見の提供は，教育効果を保証し，次の課題解決への動機づけを高めることにつながります。

まとめ

① この章では，中学校におけるマルチレベルアプローチをもとにした学校づくり，ゆるやかな集団づくりについて述べました。学校現場では，生徒の実態を的確に分析し，その改善を目指す実践の裏付けとなる理論をもとに，教育活動を展開することが望ましいと考えます。理論的な根拠をもつことが教師の自信となり，また教育的効果をより高めることができるからです。

② その上で，教師がその理論を共通理解し，実践を重ねつつ，並行して生徒の変容や成長を確かめながら，実践を生徒の実態に応じてアレンジしていくことも必要です。教師の経験と理論的研究とが統合され，目の前の生徒の成長を促す教育実践となることで，より成果が上げられるからです。

③ また，理論をもとにした教育活動の展開は，教師にとって，その理論への理解をさらに深めることになります。本実践の取組から，中学校におけるゆるやかな集団づくりに，マルチレベルアプローチは有効であること，こうした取組の中で，生徒は人と関わる楽しさを実感し，互いを尊重することを学ぶのだとわかりました。

④ また，マルチレベルアプローチの手法は相互作用すること，三段階の生徒指導はマルチレベルアプローチの展開を支えることもわかりました。そして，このような丁寧な包括的支援がベースとなり，生徒の質の高い思考を促進する授業が多くの場面で行われるようになりました。学校づくり，ゆるやかな集団づくりと授業の充実が，互いに大きく影響した事例であると考えます。

引用・参考文献

栗原 慎二（2017）．マルチレベルアプローチ——だれもが行きたくなる学校づくり—— ほんの森出版。

文部科学省（2018）．中学校学習指導要領（平成29年告示）解説 総合的な学習の時間編。

文部科学省（2018）．中学校学習指導要領（平成29年告示）解説 特別活動編。

杉江 修治（2011）．協同学習入門 ナカニシヤ出版。

（七野武稔）

5　資質・能力の育成を目的とした新教科開発の取組

学習指導要領の全面実施に伴い，従来の教科指導の枠組みにとらわれない新しいカリキュラムの開発がはじめられるようになりました。新しいカリキュラム開発の考え方の一つに，育成する児童生徒の資質・能力を重視するというものがあります。資質・能力のことをコンピテンシーということもあります。資質・能力の育成を目的とした新教科開発の取り組みを紹介します。

（1）山口大学教育学部附属山口小学校の創る科

山口大学教育学部附属山口小学校（以下「山口小」）は平成30年度から，研究開発学校の指定を受け，創る科という新教科の開発を進めました。子どもが学びの中で無自覚であった価値（汎用的認知スキル）を自覚し，他の場面や文脈においても活用できるのかを考えたり実践したりすることで，これらを自在に使いこなすことができるようにすることをねらうものです。

創る科の研究開発当初（令和２年度）は，資質・能力は図 11-3 のように定義されました。

資質・能力を表現する際に，認知能力と非認知能力という用語で説明されることもあります。非認知能力とは，誠実性，好奇心，レジリエンスというような心理特性のことを指します。創る科では，当初は認知能力と非認知能力を区別して定義していましたが，研究を進めるにつれて，図 11-4 のように創る科における資質・能力間の関係を表現するようになりました。

・比較する力	・他者に伝える力	・具体化・抽象化する力
・構想する力	・先を見通す力	・発想する力
・情報を収集する力	・情報を処理する力	・関連付ける力
・問題を見出す力	・論理的思考力	・協働する力
・批判的思考力	・体全体の感覚を働かせる力	

図 11-3　創る科で定義した資質・能力

出典：沖林・阿濱・岡村（2020）。

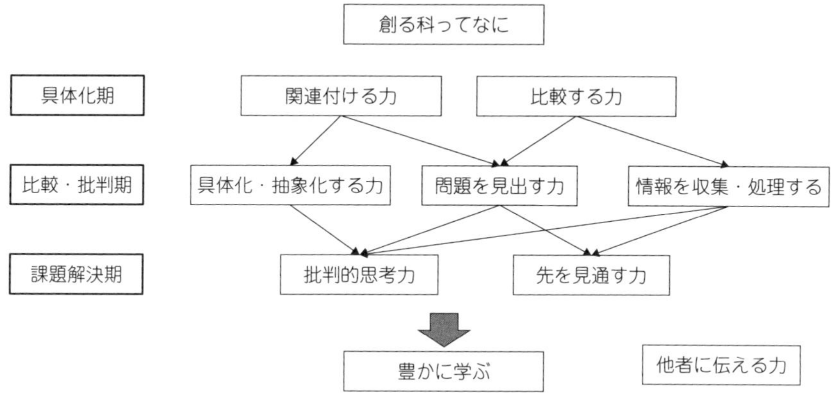

図 11-4　2021年度の「創る科」で育成する資質・能力の関係
出典：重枝・宮木・沖林（2021）。

2年間の実践によって，カリキュラム全体で育成する資質・能力の関係がわかりやすくなっています。創る科では様々な授業が開発されました。ここでは，インフュージョン型授業の取り組みと研究結果（重枝・宮木・沖林，2021）を紹介します。

（2）授業実践の概要

授業は，2020年8月から10月にかけて3回実施されました。山口小5年1組の33名の授業を研究しました。批判的思考態度尺度（平山・楠見，2004）をもとに，小学生にも回答可能と考える6項目を作成しました。調査項目は，大学教員と附属学校教員3名で合議を行って作成しました。質問項目とは別に，授業に用いたワークシートを分析の材料として用いました。ワークシートは1回目の授業と2回目の授業に対する自分の意見を自由に記述しました。1回目と2回目の授業の間に自主的な課題として調べ学習を行いました。調べ学習の結果はワークシートの裏に文章だけではなく図表やイラストなど自由な形式で記入されました。

3回の授業によって，児童の批判的思考は全体的に得点が高くなったことが明らかになりました。批判的思考の得点に関する量的な分析に加えて児童が作成した自主学習ノートの記述内容を質的に分析することで，児童がどのような

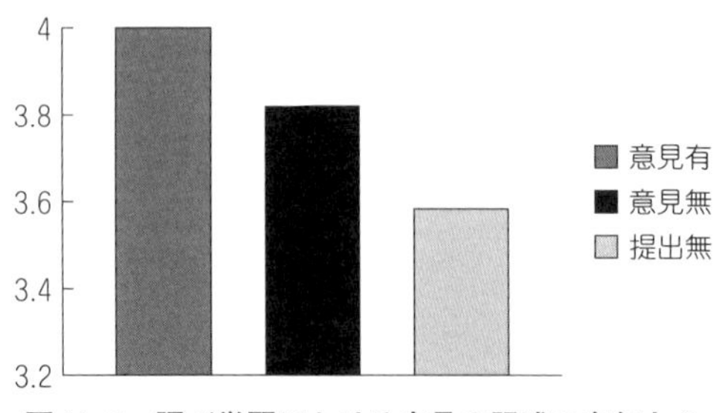

図 11-5　調べ学習における意見の記述の有無と 3 回目の授業他者意見尊重の平均評定値
出典：重枝，宮木，沖林（2021）。

学習をしたかということと批判的思考には関連がみられることが明らかになりました。その結果を示したのが図 11-5 です。

図 11-5 を見ると，児童の調べ学習の結果，自分なりの意見が書かれていた児童においては，意見のなかった児童やノートの提出がなかった児童よりも他者意見尊重の態度が高かったことが示されました。この結果は，調べ学習によって自分の意見をもつことが他者の意見を尊重する態度を高めることを示しています。

（3）児童生徒の資質・能力の育成を目的としたカリキュラム

近年，教科の枠組みにとらわれず，児童生徒の資質・能力の育成を目的として年間の授業を計画する取組が提唱されています。このような取り組みでは，学年，教科，単元名，資質・能力を表にして整理されています。一例として，東京学芸大学の PDCoBaL を紹介します。PDCoBaL では，ウェブサイト上で利用者が条件を目的に応じて設定することで，学年，教科と資質・能力の関係を直観的に把握することができます。

PDCoBaL では資質・能力を基準に小中学校の単元の指導案を抽出するデータベースが作成されています。

資質・能力の育成を目的とした教科を新設するという考え方の一例が山口小の創る科です。表 11-5 に第 6 学年「創る科」の年間の活動概要を示します。

先述の加納中の取組でも，教科横断的な資質・能力の関連を明らかにする研

表 11-4　PDCoBaL を用いた検索結果の一例

学年	教科	単元名	汎用的スキル	態度・価値
小学校 6 年	国語	整理して話し合う	・批判的思考力 ・協働する力 ・伝える力 ・メタ認知力	・他者に対する受容 ・共感・敬意
小学校 6 年	国語	意見文リレー	・批判的思考力 ・問題解決力	・他者に対する受容 ・共感・敬意
中学校 1 年	社会	統合を強めるヨーロッパの国々	・批判的思考力 ・協働する力	・他者に対する受容 ・共感・敬意 ・より良い社会への意識 ・好奇心・探究心
中学校 3 年	理科	物と重さ	・批判的思考力 ・問題解決力 ・協働する力 ・先を見通す力	・協力しあう心 ・好奇心・探究心

表 11-5　2021年度の第 6 学年「創る科」の年間の活動概要

回	活動名	活動概要
1～5	関連付ける力「関連付けることで生まれるものは？」	関連付けることで生まれるもの（イノベーション，商品開発など）について考える。
6～10	問題を見出す力「問題を見出すために必要なことは？」	様々なジャンルの問題（交通問題，食品ロス，学校生活の問題など）を見出すために必要なことを考える。
11～14	情報を収集・処理する力「どのように収集処理したらよい？」	情報を収集・処理する目的と方法（マーケティングなど）について整理する。
15～21	他者に伝える力「よりよく伝える方法の選択は？」	他者に伝えるための方法と教科との関連を整理する。
22～27	先を見通す力「どのような先をどのように見通す？」	成績を上げるための方略や将来の夢について考える。
28～35	批判的思考力「批判的思考力を高めよう」	様々なジャンルの課題（日常，道徳，社会，SDGs など）について，批判的思考を使って考える。

究が行われています。その成果として，総合的な学習の時間を軸に，各教科等における「(学習の基盤となる）資質・能力」等が，他教科とどう関連しているか，その系統性を明示した「教科・領域関連表」が作成されています。

まとめ

いわゆる教科横断的なカリキュラム設計の目的の一つに，育成する資質・能力によって授業や単元間の関係がどのようにあるのか，全体としてどのような構造であるのか，ということを捉え直すことが挙げられます。また，授業間の関連性を見直すことで，カリキュラム全体の無駄を少なくすることができます。一方，１回の授業づくりを考えた場合，例えば授業者が批判的思考力を育成する授業ですというように，育成する資質・能力を児童生徒に伝えることによって，児童生徒は授業の活動を通して汎用的認知スキルとしての様々な場面で利用することができる批判的思考力を学ぶのだなと見通しをもつことができます。児童が調べ学習をする際に自らの意見をもつことで他者を尊重する態度が高まる，という事例に見られるように，様々な場面で活用することができる資質・能力，汎用的認知スキルの一般原則を授業の中で意図的に設定することで，資質・能力や汎用的認知スキルに関する活用能力が高まります（小山，2018)。

創る科で育成することを目指した資質・能力の中には，先を見通す力や批判的思考力など抽象的なものもありました。授業で抽象的な能力の育成を行う場合，取り扱うテーマや教材は児童生徒の興味関心を喚起するものである必要があります。児童生徒の生活になじみのある場面や年中行事に関連するような事物を教材として取り上げることによって，活動に自発的に取り組む様子が見られました。

また，加納中では，生徒会活動として学習環境づくりや思考ツールの使い方などを生徒が自主的に考えることによって，協同的な学びに熱心に取り組んだり，様々な思考ツールを工夫して利用したりする場面が見られました。

小中学校の教育においても，児童生徒の高い問題解決能力が求められるようになりました。教員には，児童生徒が内発的動機づけに基づいて自発的に問題解決に取り組むような心理的，環境的な支援が求められます。

引用文献

小山 悟（2018)．歴史を題材としたCBIで学習者の批判的思考をどう促すか——

デザイン実験による指導法の開発――　日本語教育，**169**，78-92.
沖林 洋平・阿濱 茂樹・岡村 吉永（2020）．附属山口小学校の「創る科」が育成するコンピテンシーの検討　山口大学教育学部附属教育実践総合センター紀要，**50**，341-348.
重枝 孝明・宮木 秀雄・沖林 洋平（2021）．インフュージョンアプローチ型授業が児童生徒の批判的思考態度に及ぼす影響　学習開発学研究，**13**，107-115.
東京学芸大学　コンピテンシー育成のための学習指導案データベース　PDCoBal https://video.u-gakugei.ac.jp/PDCoBaL/　最終閲覧日2023年８月12日

（沖林洋平・重枝孝明）

第12章
教室でのICT利用

学びのポイント

・児童生徒のICT利用実態を知る
・情報機器利用とICTリテラシーを理解する
・情報モラルの特徴と教材を理解する
・情報教育の目標を理解する

キーワード☞ICT（Information and Communication Technology），ICTリテラシー，情報モラル

わからない言葉の意味を調べたり，高額な買い物をする時に性能や値段を調べたりする際には，タブレット端末やスマートフォンが欠かせません。語学習得や演奏，運動の練習をする時には，動画を視聴することは効果的です。学校の課題や宿題を専用のウェブサイトに提出することも日常的になりました。このように，学校での学習には ICT 機器利用は欠かせなくなりましたが，利用方法を間違うと思わぬトラブルに巻き込まれることもあります。

2020年度以降，児童生徒の一人一台のタブレット端末利用が進められました。教室でタブレット端末が用いられるようになったことにより，児童生徒の学習活動におけるタブレット端末利用は欠かせないものとなりました。例えば，体育や音楽の授業では，自分たちの活動や練習場面を動画に記録したり，理科の実験の様子を動画に記録したり，調べ学習にインターネットを利用したりする様子も日常的になりました。ICT機器は学習効率を高めることに異論をもつ人はいないと思われます。それにあわせて，SNSを正しく利用するといった情報モラル教育の重要性も高まっています。本章では，学習活動におけるICTの特徴や機能，情報リテラシーや情報モラルについての理解を深めます。

1　小中学校でのICT機器利用状況

授業における学習活動や家庭での調べ学習などに，PC，タブレット端末，スマートフォンなどのいわゆるICT機器（以下，「ICT機器」）は日常的な風景になりました。これには，2020（令和2）年のCOVID-19の流行による休校期間（2020年3月から5月末）やその後も続けられた身体的接触や飛沫防止などの制限への対応が大きかったことはいうまでもありません。児童生徒が自宅で学習を進めるために，一人一台のタブレット端末の積極的な利活用が推奨されました（文部科学省，2021a）。

これを受けて，多くの自治体で児童生徒のタブレット端末の一人一台利用が進められました（大阪府市町村教育室小中学校課，2023；山口県教育委員会，2021）。例えば，大阪府（2023）は，小中学校と特別支援学校のすべての学年のすべての教科での1人1台タブレットPC端末等のICT機器を活用した授業等における実践事例をウェブサイトで紹介しています。

このように，小中学校での学習にはタブレット端末などのICT機器の利用が欠かせないものとなりました。しかし，このような児童生徒へのICT機器

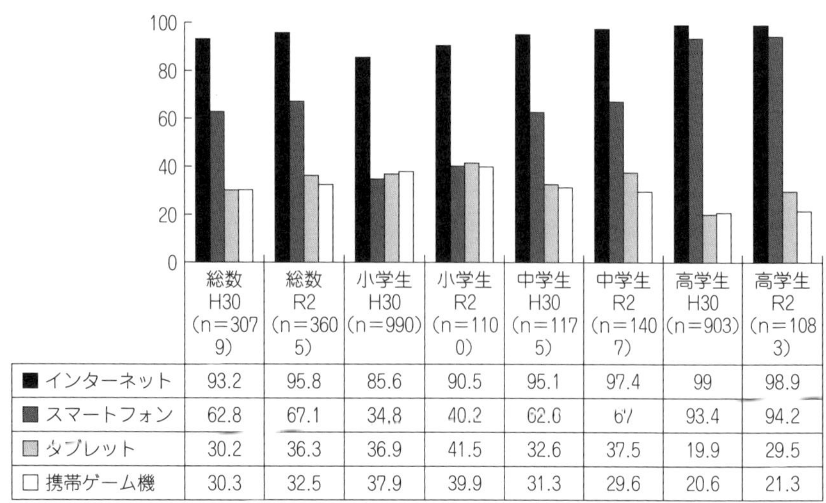

	総数 H30 (n＝3079)	総数 R2 (n＝3605)	小学生 H30 (n＝990)	小学生 R2 (n＝1100)	中学生 H30 (n＝1175)	中学生 R2 (n＝1407)	高学生 H30 (n＝903)	高学生 R2 (n＝1083)
■ インターネット	93.2	95.8	85.6	90.5	95.1	97.4	99	98.9
■ スマートフォン	62.8	67.1	34.8	40.2	62.6	67	93.4	94.2
□ タブレット	30.2	36.3	36.9	41.5	32.6	37.5	19.9	29.5
□ 携帯ゲーム機	30.3	32.5	37.9	39.9	31.3	29.6	20.6	21.3

図 12-1　インターネット利用率（機器・学校種別，単位は％）

出典：総務省（2018）を筆者が修正。

の普及は，近年急速に進められた結果によるものです。総務省の調査によると，2010年のスマートフォンの普及率は9.7%，タブレット端末は7.2%であったのに対し，2017年にはスマートフォンが75.1%，タブレット端末が36.4%でした（総務省，2018）。平成30年度と令和２年度の小学生から高校生までの機器ごとのインターネットの利用状況を示したのが図 12-1 です（内閣府，2020）。図 12-1 を見ると，平成30年度のインターネット利用率の総数は93.2%です。児童生徒の90%以上が何らかの機器を用いてインターネットを利用していることがわかります。スマートフォンの利用について見ると，小学生は34.8%，中学生が62.6%，高校生が93.4%と学年が上がるにつれて利用率が高くなっています。また，小学生や中学生はタブレット端末や携帯ゲーム機も用いてインターネットを利用しているのに対し，高校生はスマートフォン利用が93.4%である一方，タブレットの利用は19.9%，携帯ゲーム機のインターネット利用は20.6%となっています。年代別で比較すると，平成30年度から令和２年度にかけて，小学生の利用率が大きく高くなっていることがわかります。例えば，インターネット利用率では85.6%から90.5%，スマートフォンは34.8%から40.2%，タブレット端末は36.9%から41.5%と，それぞれ４～５％程度高くなっています。

以上の調査結果は，児童生徒のインターネット利用について，次のような指導が必要であることを示唆しています。まず，児童生徒は学校外でもインターネットを利用しているということです。そして，学校種に応じてインターネット利用に関する指導方法を考慮しなければならないということです。特に，小学生のインターネット利用について丁寧な指導が求められることがわかります。そこで本章では，現代の児童生徒を取り巻く情報機器利用に関する話題を取り上げ，学校内外での児童生徒が適切に情報機器を利用できるようになるための教師の指導の在り方について考えます。

2　情報機器利用を支える基盤的能力としてのリテラシー

リテラシー（Literacy）とは，もともとは読み書き能力，識字能力のことです。リテラシーの概念は，時代とともに拡張して，現在では単なる読み書き能力だけでなく，より広い意味で，我々が日常的に接する情報を的確に読み解いていく能力に関わると考えられるようになりました。リテラシーという語が関心を集め出したのは，OECD/PISA によるところが大きい（松下，2006）とされています。PISA では，リテラシーについて「多様な状況において問題を設定し，解決し，解釈する際に，その教科領域の知識や技能を効果的に活用してものごとを分析，推論，コミュニケートする生徒の力」（OECD，2004）と定義しています。すなわち，リテラシーとは，問題を設定し，解決し，解釈することであり，そのために，ものごとを分析，推論，コミュニケートすることであるとすると伝統的なリテラシーと PISA のリテラシーに共通性を見いだすことができます（松下，2006）。

近年のスマートフォンやタブレット端末の急速な普及によって，児童生徒の情報機器利用に関する教育の必要性が高まっている現状を踏まえて，小中学校や高等学校で情報機器利用に関する授業科目や単元，教育活動が設置されるようになりました。小学校の学習指導要領においても，「情報活用能力の育成を図るため，各学校において，コンピュータや情報通信ネットワークなどの情報手段を活用するために必要な環境を整え，これらを適切に活用した学習活動の充実を図ること」という記述があります（文部科学省，2017）。このことは，新学習指導要領に基づく教育課程では，小学校からICT機器を適切に活用した教育活動が行われるようにデザインされています。

これに関して，児童生徒の**情報リテラシー**の育成の観点が指摘されています。学習指導要領では，情報リテラシーは各教科で学び知識・技能などのコンテンツの獲得となるベースとなる学ぶ能力（コンピテンシー）として位置づけられています（堀田・佐藤，2019）。ここでは，児童生徒の適切な情報機器利用に必要な知識や技能の総称を情報リテラシーと呼ぶこととします。学習指導要領においては，「情報や情報手段を主体的に選択し活用していくために必要な情報活用能力，物事を多角的・多面的に吟味し見定めていく力（いわゆる「クリティカル・シンキング」），統計的な分析に基づき判断する力，思考するために必要な知識やスキルなどを，各学校段階通じて体系的に育んでいくことの重要性は高まっている」（文部科学省，2015）と指摘されています。単に情報機器を上手に扱うことができるという技能的側面だけでなく，情報機器を適切に利用して，物事を多角的・多面的に分析することができるクリティカル・シンキング力や統計的な分析力が重視されていることがうかがえます。また，情報リテラシーの教育では，問題解決に関わる態度や技能にとどまるものではなく，児童生徒自身の心身の安全が脅かされないことも考慮しなければなりません。そのような，情報社会で適正な活動を行うための基になる考え方と態度のことを情報モラルと呼び（文部科学省，2009），改訂された学習指導要領では情報モラルに関する教育も重視されています（文部科学省，2015）。各側面の特徴を表12-1にまとめました。

小学校においては基本的な機器の利用方法の習得，情報には誤ったものや危険なものがあることなど，ICT機器を安全に利用できるための基礎的な知識や技能の習得が目的であるのに対し，中学校や高等学校では，プログラミングなどコンピュータ利用に関する専門的な知識や技能の習得や情報の加工，また個人情報の保護や著作権の保護，情報セキュリティー管理など，社会人としてICT機器や情報を扱う際の権利や義務などに関する知識や技能の習得に焦点

表 12-1　情報リテラシーの 3 側面と小中高での教育活動

	ICT 機器の使い方	ICT 機器を用いた問題解決	情報モラル
小学校	・基本的な操作：キーボードなどによる文字の入力，電子ファイルの保存・整理，インターネットの閲覧，電子メールの送信	・情報手段を適切に活用できるようにするための学習活動：文章の編集・図表の作成，様々な方法での情報の収集・調査・比較，情報手段を使った交流，調べたもののまとめ・発表などの学習活動	・情報モラルを身に付けるための学習活動：情報発信による他人や社会への影響，ネットワーク上のルールやマナーを守ることの意味，情報には自他の権利があること，情報には誤ったものや危険なものがあることなどについて考えさせる学習活動
中学校	・情報手段を適切かつ主体的，積極的に活用できるようにするための学習活動：課題を解決するため自ら効果的な情報手段を選んで必要な情報を収集する，自分の考えなどが受け手に伝わりやすいように表現を工夫して発表したり情報を発信したりする学習活動	・文章と図表などとの関連を考えながら，説明や記録の文章を読む（国語） ・コンピュータを用いたりするなどして，母集団から標本を取り出し，標本の傾向を調べることで，母集団の傾向が読み取れることを理解できるようにする（数学） ・「美術に関する知的財産権や肖像権などについて配慮し，自己や他者の創造物等を尊重する態度の形成」（美術）	・情報モラルを身に付けるための学習活動：ネットワークを利用する上での責任，基本的なルールや法律を理解し違法な行為のもたらす問題，知的財産権などの情報に関する権利を尊重することの大切さ，トラブルに遭遇したときの主体的な解決方法，基礎的な情報セキュリティ対策，健康を害するような行動などについて考えさせる学習活動
高等学校	・情報のデジタル化を理解する。 ・情報のデジタル化の仕組みを理解し，様々な情報をデジタルで扱う方法を身に付ける。 ・情報発信者が伝えたいことを伝えるためにどのように情報を加工すればよいか，受け手にとって価値のある画像を作成する。	・生活や社会における問題を，ネットワークを利用した双方向性のあるコンテンツのプログラミングによって解決する活動 ・プログラミングとプログラミング的思考の知識と技能の習得 ・アルゴリズムとプログラミング，制御構造，モデル化とシミュレーションに関する理解	・ファイルの共有と個人情報の保護 ・学校裏サイトの現状を知る ・情報社会の中の個人 ・情報とネットワークの活用 ・個人情報の保護，著作権の保護 ・個人情報の保護について考える ・情報モラルとセキュリティー管理

出典：文部科学省（2015），広島県教育委員会（2009）を筆者が整理。

化していることがわかります。以上のように，情報リテラシーは児童生徒の教育を考えるうえで見逃すことはできない要素であり，教室の中での利用のみを考えるだけでなく，教室の外での適切な利用法について指導することが求められるでしょう。

3　情報モラルとセキュリティの効果的な指導

児童生徒のインターネット利用に関するリスクとして，SNS（Social Network Service）利用を通じて若年者が個人情報漏えいやいじめ，犯罪等のトラブルに巻き込まれることが指摘されています（総務省，2017）。大学生や高校生を対象とした研究結果から，SNS 利用に関するリスク知識だけでは適切な行動に結びつかないことや，SNS 利用において自らのリスクを低く見積もるという楽観視があることが明らかにされています（Barth & De Jong, 2017；木村ほか，2018）。このような研究結果を踏まえると，児童生徒の SNS 利用については，単なるリスクに関する知識の教育だけでなく，適切な行動の定着への支援を考慮する必要があると考えられます。

これまで述べてきたように，児童生徒のインターネット利用には，信頼できない情報に騙されるかもしれないことや SNS 利用によって他者とのトラブルになることなどのリスクが伴います。この現状に対して，児童生徒な健全にインターネット利用行動を定着させるための教育が必要であると考えられます。

文部科学省のウェブサイトには，情報モラルに関する児童生徒向けの啓発資料や教員向けの指導資料集のウェブページがあり，実際の授業で利用可能な動画資料やリーフレット資料が掲載されています（文部科学省，2018）。文部科学省ウェブサイトに掲載された資料を表 12-2 に整理して紹介します。

表 12-2 の動画教材では，いわゆる日常生活における規範的な行動の延長としての情報モラルと，スマートフォンやタブレット端末，PC 利用に特有の行動が紹介されます。例えば，ID を気軽に交換したり，無料であることにつられて不用意にログインしたりメールアドレスを記入することでアカウント情報が漏洩することや，SNS に不用意に悪口を書き込んだり，インターンシップ

表 12-2　情報モラルに関する指導の充実に資する〈児童生徒向けの動画教材，教員向けの指導手引き〉・〈保護者向けの動画教材・スライド資料〉 等

情報化社会の新たな問題を考えるための教材～安全なインターネットの使い方を考える～	
動画教材	1．ネット依存（小５～中１）「ネットゲームに夢中になると……」
（YouTube 動画）	2．ネット依存（中２～高３）「身近にひそむネット依存」 3．ネット被害（小５～中１）「そのページ，確認しなくて大丈夫？」 4．ネット被害（中２～高３）「ネット詐欺などに巻き込まれないようにするために」 5．ネット被害軽い気持ちの ID 交換から……（小５～中１） 6．ネット被害（中２～高３）「写真や動画が流出する怖さを知ろう」 7．SNS 等のトラブル（小５～中１）「ひとりよがりの使い方にならないように」 8．SNS 等のトラブル（中２～高３）「情報の記録性，公開性の重大さ」 9．SNS 等のトラブル（小５～中１）「SNS への書き込みの影響」 10. SNS 等のトラブル（中３～高３）「軽はずみな SNS への投稿」 11. 情報セキュリティ（小５～中１）「パスワードについて考えよう」 12. 情報セキュリティ（中２～高３）「大切な情報を守るために」 13. 適切なコミュニケーション（小５～中１）「うまく伝わったかな？」 14. 適切なコミュニケーション（中２～高３）「コミュニケーションの取り方を見直そう」 15. ネット被害（小５～中１）「SNS を通じた出会いの危険性」 16. ネット被害（小１～小４）「スマートフォンやタブレットの使いすぎ」 17. 保護者のための情報モラル教室　「話し合ってますか？　家庭のルール　動画Ａ「初めが大事」」 18. 保護者のための情報モラル教室　「話し合ってますか？　家庭のルール　動画Ｂ「知らなかったではすまされない」」 19. 保護者のための情報モラル教室　「話し合ってますか？　家庭のルール　動画Ｃ「家庭のルール」」
教師用資料	リーフレット　「情報化社会の新たな問題を考えるための教材～安全なインターネットの使い方を考える～」
指導の手引き	リーフレット　「情報化社会の新たな問題を考えるための教材～安全なインターネットの使い方を考える～」
ワークシート	動画教材を使って授業等を行う際に利用可能なワークシート。各教材に対してワークシートが作成されている。

出典：文部科学省（2018）を筆者が整理。

先に被害を与える動画を公開することで，その後自分に大きな被害があるというケースなどが紹介されます。情報モラルの教育や指導においては，リスクとともに，情報に対するセキュリティ意識を高めることや，被害にあわないようにするためのセキュリティ行動も指導することが求められます。

また，同じ教材では児童生徒を取り巻くインターネット利用のリスク状況が適切に取り上げられています。筆者自身大学の授業でいくつかの動画教材を紹介して授業を行っていますが，学生は動画中の設定や状況を古いと感じることはないようです。また，指導の手引きや授業のワークシートも用意されているので，授業準備にかかる教師の負担は大きくはないのではないでしょうか。

近年，研究者による情報モラルに関する教材開発や授業手法の開発も進められるようになりました（塩田ほか，2017；沖林，2017，2018）。例えば，沖林（2017，2018）では，１回の授業中に情報モラル教育に関する動画資料を視聴し，自分であればどのように情報モラルの授業を構想するかに関するワークシートを作成しました。その後，小グループによる動画内容に関する意見交流を行った後，情報モラル教育の目的や教育的意義に関する講義を行いました。授業の最後に，自分であれば動画教材を用いてどのような授業を構想するかに関するワークシートを作成しました。授業における１つの活動を１ステップとしてステップ数を分析した。その結果，２回のワークシートにおけるステップの変化量と事後のステップ数に有意な相関が見られました。すなわち，受動的に動画教材を視聴するだけでなく，その教材を踏まえて意見交流をしたり，講師が教材の理解を支援する講義を行うことが事後のレポート内容を充実したものとすることが示唆されたといえるでしょう。

4　ICT 機器を利用した学習方法

2020年の休校措置以降，児童生徒の学校や自宅で快適な学習環境を作ったり，効果的に学習を進めたりするための ICT 機器の利用が急速に広まりました。例えば，理科の授業で自分たちの班が行っている実験の様子を動画に撮影する，あるいは体育の授業で運動中の姿勢を動画に撮影するという様子は日常的に見られるようになりました。あるいは，各自のタブレット端末で作成した電子的な付せん紙を電子黒板等に集約してクラス全体の考えを共有するという手法も一般的に見られるようになりました。ICT機器を利用した意見共有については，わずか数年前までクリッカー等を利用した手法が先進的であったのに対して，この数年間における変化は劇的であると感じます。そこで，ICT機器を利用した学習方法について紹介します。

児童生徒の学習におけるICT機器の利用方法は多様ですが，いわゆるコロナ禍を経て学校や自宅の学習で用いられる用途として，本章では次の３つを挙げます。１つめは，学校と自宅といったような，対面では会話やグループディスカッションができない状況でコミュニケーションをとるためです。休校措置下において，教師が教室で行う授業を自宅からアプリケーションを利用して接続する方法も推奨されました（文部科学省，2020）。２つめは，授業のために作成された動画資料をICT機器を利用して授業の前後に視聴するためです。事前に動画資料などを用いて授業での学習内容を予習しておき，授業の開始から演習などの活動に取り組むという授業デザインのことを反転授業と呼びます。タブレット端末やデジタル教材，インターネット環境などを活用した反転授業の教育実践が初中等・高等教育で広まっていることはコロナ禍以前から指摘されていました（重田，2014）が，１本あたりの動画のサイズや１コマ分の授業時間がコンパクトになるように工夫することによって，ICT環境における反転授業に対して，生徒の92％がポジティブに評価した実践もあります（佐髙・柳本，2022）。３つめは，言語による表現が難しい身体感覚や色彩感覚などについて，動画を撮影したり，タブレット端末を利用して描画をするといった方法で簡単に繰り返し再現したり，表現したりできることです。ICT機器を用いて言語化が難しい表現を行う活動は，感覚運動系の授業科目で用いられています。例として，中学生を対象とした格子状の枠の中に長さが可変のブロックを配置して創作する音楽Webアプリケーションを利用した授業実践例を紹介します（本多・木下・水谷，2022）。このアプリケーションでは，音の高さや長さを設定することができるので作曲できる音楽の自由度は高まる一方で，操作難易度は高くなります。しかしながら，生徒は問題なく創作活動ができていま

表 12-3　中学校理科授業における生徒の ICT 活用の有用性を認識する質問項目

因子	質問項目
学習の効率化	・ICT を使うことで，学習内容が理解しやすくなる ・ICT を使うと，学習内容をふり返りやすい
学びへの積極性	・ICT を使うことで，楽しく学習できる ・ICT を使うことで，学習を「これなら自分もできそうだ」と思う
思考の深化	・ICT を使うことで，自分で考える力が身につく ・ICT を使うことで，結果から考察する力が身につく
他者の比較・共有	・ICT を使うと，みんなと実験の結果を共有できる ・ICT を使うと，みんなと意見や考えを共有できる

出典：中西（2022）。

した。また，単に作曲をするだけでなく，歌詞の内容を生かすような曲のリズム感や旋律を工夫する生徒も見られたことが指摘されています。ICT 機器を用いた学習によって，作曲や演奏など高度な熟達が求められる活動であっても，多くの児童生徒が容易に取り組めるようになるようになりました。

ICT 機器を用いた学習には，様々な利点や効果が見られます。その一方で，ICT 機器を用いた授業では，操作方法に関する習熟度などのデジタルスキルの格差（竹内ら，2021）や ICT 活用の有用性の認識（中西，2022）が，児童生徒のオンラインの評価に影響することが指摘されています。ここでの，ICT 活用の有用性の認識に関わる具体的な項目例を表に示します（表 12-3）。ICT 機器を用いた授業において，児童生徒が学習に取り組む際の教師の観察の視点となるでしょう。

5　情報教育の 3 つの目標

本章ではこれまで情報に関わるコンピテンスやリテラシーの機能について概観し，それらを踏まえて情報モラルやリスクリテラシー，情報セキュリティに関する効果的な指導について検討しました。最後に情報教育の 3 つの目標を紹介します。

文部科学省（2009）は，「教育の情報化」を図るうえで，次のような情報教育の目標を設定しています。それは，①情報活用の実践力，②情報の科学的な理解，③情報社会に参画する態度です。情報教育は，児童生徒の情報活用能力の育成を図るものである。児童生徒が社会の情報を適切に処理し，児童生徒自身の問題を解決するためには，①課題や目的に応じて必要な情報を処理し，受け手の情報を踏まえて発信できる力だけでなく，②SNS，Eメール，スマートフォンなどの情報手段の特性の理解と自ら利用した情報を適切に評価するための理論や方法とともに，③社会生活の中で情報技術の役割を考え，情報モラルの必要瀬や情報に対する責任について考えることができる態度をもつことが必要です。

まとめ

2020年度以降の学校内外での学びにおいて，ICT機器を利用しない学びは考えられなくなりました。本章では，ICT機器の利用実態について学習しました。次に，情報リテラシーや情報モラルとは何かということを学習したのち，情報モラルの授業を行うための教材の具体例を学びました。教育活動の中で効果的にICT機器を利用することで，児童生徒の学びの質は高まることが期待されます。

引用文献

Barth, S. and De Jong, M. D. T. (2017). The privacy paradox: Investigating discrepancies between expressed privacy concerns and actual online behavior: A systematic literature review. *Telematics and Informatics*, **34**, 1038-1058.

広島県教育委員会（2009）．情報化への対応～情報モラル教育～　実践事例 https://www.pref.hiroshima.lg.jp/site/kyouiku/j-moral-action.html

本多 廉・木下 和彦・水谷 好成（2022）．音楽科創作活動での活用を目的とした音楽Webアプリの分類と実践による検証――中学校での旋律創作学習活動―― 宮城教育大学教職大学院紀要，**4**，193-204.

堀田 龍也・佐藤 和紀（2019）．日本の初等中等教育における情報リテラシーに関する教育の動向と課題　電子情報通信学会　通信ソサイエティマガジン，**13**(2)，117-125.

犬塚 美輪（2015）．国語教育　楠見 孝・道田 泰司（編）批判的思考――21世紀を

生きぬくリテラシーの基盤――（pp. 118-121）新曜社.
木村 敦・河合 萌華・中嶋 凌・山本 真菜・岡 隆（2018）．高校生における認知熟慮性と SNS 利用リスクの楽観性との関連　日本教育工学会論文誌，**42**(suppl.)，25-28.
松下 佳代（2006）．大学生と学力・リテラシー　大学と教育，**43**，24-38.
文部科学省（2009）．「教育の情報化に関する手引」作成検討会（第５回）配付資料　第４章　情報教育
http://www.mext.go.jp/b_menu/shingi/chousa/shotou/056/gijigaiyou/attach/1259396.htm
文部科学省（2015a）．参考資料１　情報教育に関連する資料
http://www.mext.go.jp/b_menu/shingi/chukyo/chukyo3/059/siryo/_icsFiles/afieldfile/2016/02/10/1364829_03.pdf
文部科学省（2015b）．教育課程企画特別部会　論点整理
http: //www. mext. go. jp/component/b_menu/shingi/toushin/_icsFiles/afieldfile/2015/12/11/1361110.pdf
文部科学省（2017）．【総則編】小学校学習指導要領（平成29年告示）解説
http: //www. mext. go. jp/component/a_menu/education/micro_detail/_icsFiles/afieldfile/2019/03/18/1387017_001.pdf
文部科学省（2016）．今後の学習指導要領改訂スケジュール
http://www.mext.go.jp/b_menu/shingi/chukyo/chukyo3/004/siryo/_icsFiles/afieldfile/2016/08/29/1376580_3.pdf
文部科学省（2018）．教育の情報化の推進
http://www.mext.go.jp/a_menu/shotou/zyouhou/detail/1369617.htm
文部科学省（2019）．高等学校情報化「情報Ⅰ」教員研修用教材（本編）
http://www.mext.go.jp/a_menu/shotou/zyouhou/detail/1416756.htm
文部科学省（2012）．情報活用能力について　参考資料１
http://www.mext.go.jp/component/a_menu/education/detail/_icsFiles/afieldfile/2012/06/15/1322132_3_1.pdf
文部科学省（2020）．学びを止めない！これからの遠隔・オンライン教育　普段使いで質の高い学び・業務の効率化へ
https://www.mext.go.jp/content/20210226-mxt_jogai02-000010043_003.pdf
文部科学省（2021）．（通知）GIGA スクール構想の下で整備された１人１台端末の

積極的な利活用等について（令和３年３月12日）

https://www.mext.go.jp/content/20210414-mxt_jogai01-000014225_001.pdf

内閣府（2019）．平成30年度青少年のインターネット利用環境実態調査　調査結果（速報）

https://www8.cao.go.jp/youth/youth-harm/chousa/h30/net-jittai/pdf/sokuhou.pdf

内閣府（2021）．令和２年度 青少年のインターネット利用環境実態調査

https://www8.cao.go.jp/youth/youth-harm/chousa/r02/jittai-html/2_1_1.html

中西 一雄（2022）．中学校理科授業におけるICT活用の有用性の認識がオンライン授業に対する評価に及ぼす影響　理科教育学研究，**63**(2)，345-355.

OECD（2004）Learning for tomorrow's world: First results from PISA2003.

沖林 洋平（2017）．学生の情報モラル育成のための授業開発に関する研究　教育システム情報学会中国支部研究発表会講演論文集，7-10.

沖林 洋平（2018）．反転授業が情報モラルの理解に及ぼす効果　教育システム情報学会中国支部研究発表会講演論文集，1-4.

大阪府市町村教育室小中学校課（2023）．大阪の児童生徒が１人１台タブレットPC端末等を活用した実践事例等について

https://www.pref.osaka.lg.jp/shochugakko/jyouhou/index.html

佐髙 和秀・柳本 隼人（2022）．佐賀県の高等学校におけるオンライン授業 化学と教育，**70**(5)，246-249.

重田 勝介（2014）．反転授業　ICTによる教育改革の進展　情報管理，**56**(10)，677-684.

塩田 真吾・酒井 郷平・小林 渓太・藪内 祥司（2017）．情報モラル教育の指導に活かすための診断システムの開発と活用　コンピュータ＆エデュケーション，**42**，43-48.

総務省（2017）．インターネットトラブル事例集（平成29年度版）

www.soumu.go.jp/main_content/000506392.pdf

総務省（2018）．ICT機器の保有状況．第２部　基本データと政策動向　第２節　ICTサービスの利用動向

http://www.soumu.go.jp/johotsusintokei/whitepaper/ja/h30/html/nd252110.html

竹内 裕一・小畑 貴紀・中谷 佳子・江橋 公祐・田口 敬一・須釜 昇平・前田 康

貴・堤 隆平・香川 拓海・工藤 周一・中西 裕介・小関 悠一郎（2021）．“post コロナ”時代における小学校社会科授業――オンラインを活用した「主体的・対話的で深い学び」の可能性―― 千葉大学教育学部研究紀要，**69**，239-248．
山口県教育委員会（2021）．「やまぐちスマートスクール構想」の推進
https://www.pref.yamaguchi.lg.jp/uploaded/attachment/145432.pdf

（沖林洋平）

人名索引

事項索引

ヤ・ラ行

〈執筆者紹介〉（執筆順，執筆担当）

沖林洋平（おきばやし・ようへい） 編著者，第１章・第２章６・第11章５・12章

現　在　山口大学教育学部准教授

主　書　『読書教育の未来』（共著）ひつじ書房，2019年。

『批判的思考』（共著），新曜社，2015年。

「ガイダンスとグループデイスカッションが学術論文の批判的な読みに及ぼす影響」『教育心理学研究』2004年，**52**。

青山　翔（あおやま・しょう） 第２章1-5

現　在　山口大学教育学部講師

元広島女学院大学児童教育学科（幼児教育心理学科）講師，元愛知県公立小学校教諭，元青年海外協力隊（バヌアツ共和国：小学校教育）（文部科学省から現職教員特別参加制度による派遣）

主　著　“Effects of school closure due to COVID-19 on the physical fitness of Japanese kindergarteners: a longitudinal study,” *Journal of Physical Activity Research*, 2023, **8**(2).

「新型コロナウィルス感染症の流行前後における中学生の体力に関する縦断的研究」『生涯スポーツ学研究』2023年，**19**(2).

「COVID-19 流行前後における児童の体力の比較」『学校保健研究』2023年，**64**(4).

“Influences of executive functions on agility and comprehensive physical ability in kindergarteners,” *Early Child Development and Care*, 2020, **192**(4).

小野史典（おの・ふみのり） 第３章

現　在　山口大学教育学部准教授。

主　著　『明日から教壇に立つ人のための教育心理・教育相談』（共著）北大路書房，2014年。

“Backward illusory line motion: Visual motion perception can be influenced by retrospective stimulation,” *Journal of Vision*, 2023, **23**.

“The Effect of Ratio of Changing to Static Stimuli on the Attentional Capture,” *Scientific Reports*, 2018, **8**.

“Attention can retrospectively distort visual space,” *Psychological Science*, 2011, **22**(4).

藤木大介（ふじき・だいすけ）　第４章

現　在　広島大学大学院人間社会科学研究科准教授。

主　著　「協同場面における発話内容が学術論文の批判的読みに及ぼす影響」『心理学研究』2024年，**94**(6)。

「文章産出における心的表象の表出過程のモデル化：表象表出の自動性・制御性」『認知科学』2014年，**21**(4)。

「名詞句と動詞との間の意味的適合度が文の意味表象形成過程に及ぼす効果」『認知科学』2006年，**13**(3)。

豊田弘司（とよた・ひろし）　第５章

現　在　追手門学院大学心理学部教授。奈良教育大学名誉教授。

主　著　『記憶を促す精緻化に関する研究』風間書房，1995年。

『教育心理学入門――心理学による教育方法の充実』小林出版，2003年。

『教育心理学Ⅰ：発達と学習　第２版』（共著）サイエンス社，2019年。

解良優基（けら・まさき）　第６章

現　在　南山大学人文学部講師

主　著　「親子間における知能観の伝達――父親と母親の知能観の一致に着目して」『パーソナリティ研究』2023年，**32**(1)。

『主体的に学ぶ発達と教育の心理学』（共著）ナカニシヤ出版，2022年。

「ポジティブな課題価値とコストが学習行動に及ぼす影響――交互作用効果に着目して」『教育心理学研究』2016年，**64**(3)。

宮木秀雄（みやき・ひでお）　第７章・第10章1-3

現　在　山口大学教育学部准教授

主　著　「公立小学校における学級規模ポジティブ行動支援の実践に向けた遠隔コンサルテーションの効果」『行動分析学研究』2022年，**37**(1)。

「小学校通常学級における児童の給食準備行動への非依存型集団随伴性の適用」『行動分析学研究』2021年，**35**(2)。

「小学校通常学級における朝の会および授業開始時の問題行動の改善を目指した相互依存型集団随伴性の適用」『行動分析学研究』2018年，**32**(2)。

栗原慎二（くりはら・しんじ）　第８章

現　在　広島大学大学院人間社会科学研究科教授

主　著　『マルチレベルアプローチ　だれもが行きたくなる学校づくり――日本版包括的生徒指導の理論と実践』（編著）ほんの森出版，2017年。

『教育相談コーディネーター――これからの教育を創造するキーパーソン』ほんの森出版，2020年。

山田洋平（やまだ・ようへい）　第９章

現　在　福岡教育大学大学院教育学研究科教職実践専攻（教職大学院）准教授。

主　著　『中学生のためのSELコミュニケーションワーク』明治図書出版，2020年。

『高校生のための社会性と情動の学習（SEL-8C）』（共著）ミネルヴァ書房，2021年。

「幼児を対象とした社会性と情動の学習（SEL-8N）プログラムの効果」『教育心理学研究』2020年，**68**(2)。

内田依見（うちだ・えみ）　第10章４

現　在　防府市立華城小学校教諭

武田顕子（たけだ・あきこ）　第10章５

現　在　呉市立昭和中学校教諭

七野武稔（しちの・たけとし）　第11章1-4

元公立中学校長。令和４年３月岐阜市立加納中学校長を退任，退職。

主　著　「将来何になりたいかわからないＡ君」『学校教育相談』1999年１月号。

重枝孝明（しげえだ・たかあき）　第11章５

前　　　山口大学教育学部附属山口小学校教諭

現　在　山口県乳幼児の育ちと学び支援センター　指導主事

主　著　『学校・子ども・家庭をつなぐ授業づくり――一人でチャレンジ！お昼ご飯とお弁当』（共著）教育図書，2020年。

「インフュージョンアプローチ型授業が児童生徒の批判的思考態度に及ぼす影響」『学習開発学研究』2020年，**13**。

「持続可能な社会の担い手を育成する家庭科授業づくり――環境の視点から調理実習を考える」『山口大学教育学部附属教育実践総合センター紀要』2020年，**107**。

大学生と教員のための学校教育心理学

2024年３月20日　初版第１刷発行　〈検印省略〉

定価はカバーに
表示しています

編著者　沖　林　洋　平
発行者　杉　田　啓　三
印刷者　田　中　雅　博

発行所　株式会社　ミネルヴァ書房
607-8494　京都市山科区日ノ岡堤谷町１
電話代表　075-581-5191
振替口座　01020-0-8076

創栄図書印刷・新生製本

ISBN978-4-623-09695-4
Printed in Japan